LOCUS

LOCUS

LOCUS

LOCUS

Smile, please

Smile 90 你值得過更好的生活

Busting Loose from the Money Game

作者：羅伯特．薛弗德（Robert Scheinfeld）

譯者：陳琇玲

責任編輯：湯皓全

校對：呂佳眞

封面設計：林育鋒

美術編輯：蔡怡欣

出版者：大塊文化出版股份有限公司

台北市105022南京東路四段25號11樓

讀者服務專線：0800-006689

TEL：（02）87123898　FAX：（02）87123897

郵撥帳號：18955675　戶名：大塊文化出版股份有限公司

法律顧問：董安丹律師、顧慕堯律師

總經銷：大和書報圖書股份有限公司

地址：新北市新莊區五工五路2號

TEL：（02）89902588（代表號）　FAX：（02）22901658

排版：天翼電腦排版印刷有限公司

初版一刷：2009年7月

二版六刷：2023年9月

定價：新台幣350元

Printed in Taiwan

你值得過更好的生活

徹底顛覆金錢遊戲規則
讓你耳目一新的心靈致富法

Robert Scheinfeld 著　陳琇玲 譯

Busting Loose from the Money Game

目次

《心靈雞湯》作者傑克・坎菲爾推薦序

就歷史來看，總有一些信念和假說讓當時各年齡層及各世代深信不疑，對其眞實性或正確性從不質疑。

然後隨著歷史演變，證實許多信念和假說根本**不是**眞的，人們必須修正對世界的觀點，採納一套新的信念和假說。

舉例來說，人們一度以爲世界是平的。但是後來我們發現，這是錯誤的。

人們一度以爲地球是宇宙的中心，萬事萬物都圍繞我們居住的地球旋轉。但是後來我們發現，這個想法也不對。

研究醫學史的人會發現關於人體如何運作、疾病是什麼、如何治療身體的各種信念與假說，後來人們發現其中有些信念和假說並不正確。

研究科學者不論選擇研究物理學、化學、生物學、天文學或哪一個學科，也會發現同樣模式一再重複。你會看到科學家一度十分確定某些信念、假說和模式，對其眞實性與準確性深信不疑，後來事實證明這一切不過只是謬誤。結果，科學家不斷地修正自己的理論和模型

所以推測起來，如果歷史是可依據的準則，那麼我們對世界的大多數認知根本是錯的。但是對任何年齡或世代來說，我們如此深陷在當時盛行的信念和假說（甚至毫不自知），以至於經常對眞相視若無睹。

薛弗德說的**金錢遊戲**（*The Money Game*），就是讓大家信以爲眞、從未質疑、規模最大的信念和假說之一。從有金錢出現，潛藏於金錢遊戲中的信念和假說就隨之存在。事實上，跟史上其他信念和假說相比，這些信念和假說可能倖存最久，而且原封不動。金錢遊戲一直是神聖不可侵犯之物，這麼說也不爲過。

在第一章，薛弗德討論潛藏於金錢遊戲中的信念、假說和規則。當你參與這項討論，你認爲相信這些信念、假說和規則千眞萬確，似乎既正常又合理。「當然，事情本來就這樣運作，」你可能跟自己這麼說。

不過你很快就會知道，以往你對於金錢遊戲所了解的規則及其所依據的信念和假說

都不是眞的——不管起初這些信念和假說看起來多麼尋常有邏輯或合乎道理。

我這輩子花大多數時間進行金錢遊戲。事實上，我十歲在鄰近一帶送報時，就開始玩起金錢遊戲。六個月後，我在附近的公園賣泉水，用貨車送水給附近住戶。

後來，我成爲精通金錢遊戲的玩家。然而就像薛弗德說的：「如果你依照從小被教導的規則和結構進行金錢遊戲，那麼不管你玩得多好，也不管你賺了多少錢，總要付出重大代價。這些代價可能以各種形式呈現，例如：壓力、憂慮、痛苦、失去某樣重要東西或理想破滅。」

在我的人生中，儘管我以自己的無數成就爲傲，例如：《心靈雞湯》（*Chicken Soup for the Soul*）系列叢書在全球各地、發行四十一種語言的版本，銷售量高達一億冊，獲得金氏記錄及無數殊榮與獎項；儘管我能累積許多財富，但是總要付出極大代價，比方說爲了推出新書或其他專案，我經常花半年或更多時間離開親朋好友。

結果，就像薛弗德和許多人一樣，愈精通金錢遊戲，就發現自己愈想找出新方法和一套新規則來玩金錢遊戲，讓自己能創造並體驗富足，也有權力獲得截然不同的成效——**不必付出任何代價！**

當時候到了，舊的信念和假說要被新的信念和假說取代，大家總會這麼說：「不，那是不對的。這才是事實。」無疑地，要接受這樣的改變，人們總會抗拒、批評、甚至惡意攻擊。但是有一些人會傾聽並觀察眞相，然後這樣做的人愈來愈多，直到達到關鍵多數爲止。接著，傳統思考方式隨之瓦解，新思考方式激增爲大眾意識。

我預測你正要發現的這項轉變洞見和徹底解脫過程，將會掀起一場革命，開始徹底瓦解有關富裕與金錢遊戲的傳統信念和假說，創造一個遍及世界各地的新可能性與新機會。

有趣的是，雖然此刻薛弗德獨自發聲談論新眞相，卻沒有遭到拒絕、批評或攻擊。相反地，世界各地的人們正呼應他那擺脫傳統金錢遊戲的說法，興高采烈地探討創造並體驗全然富足的新方式。

你可曾對自己這樣說：「要是有人早跟我說，那就好了。」如果有，你就知道發現某件事讓人生在瞬間徹底改變的情況是怎樣。當你準備好閱讀這本書，先深呼吸一下，繫好安全帶，準備接受瞬間的改變吧！

傑克・坎菲爾（Jack Canfield）

心靈雞湯公司執行長、《心靈雞湯》系列叢書之共同作者

導論：你值得過更好的生活

在悶熱夏夜無法入睡的孩童，誰沒想過自己看到小飛俠的海盜船在天空航行？

我會教導你看到這艘船。

——羅貝多．卡卓尼歐（Roberto Cotroneo），〈夏日清晨的孩童〉（When a Child on a Summer Morning）

即使外觀暫時讓人分心，眞相總有辦法打動尋求者的心靈。

——約瑟夫．韋特菲德（Joseph Whitfield）

我在這本書要跟大家分享的事，違反大家從小學到的每件事，很有可能也跟大家畢生信以爲眞的一切事物相違背。

當你閱讀本書前七個章節時，或許認爲自己進入靈界或科幻電影的情節。你也可能這麼想：

‧「這跟金錢有什麼關係呢？」
‧「拜託你講重點，好嗎？」
‧「他瘋了嗎？」
‧「他是在開玩笑！」
‧「我買這本書時並沒想到內容會是這樣！」
‧「絕對不是這樣！」

或者，我自己最喜歡的：

‧「胡說八道！」

現在你可能邊看書，邊低聲輕笑，但是請認眞看待上面這幾句話，因爲幾分鐘後（如果你繼續看這本書），你可能也有同樣的想法。我不希望這些想法讓你分心，或耽誤你從金錢遊戲徹底解脫的流程。

有時候，你會覺得壓力太大、沒有目標、凡事多疑、生氣或不舒服。這都是意料中的事。要從金錢遊戲中徹底解脫，就必須徹底改變對自己、對別人、對世界和對日常運用策略的認知。做出這種徹底改變的過程，就像按下各式各樣的按鈕。所以我用「讓你改變遊戲規則、反敗爲勝的驚人策略！」，做爲這本書的副標題。

我跟人們談到徹底解脫流程（Busting Loose Process）時，不管他們認爲自己多麼抗拒，但內心卻出現一股聲音說：「他說得對，而且不知道爲什麼，這件事我早就知道了。」如果你跟他們一樣，那麼不管我分享的事起初看似多麼「遙不可及」，我將帶領你前往的旅程和你自行抵達的終點都千眞萬確。我的友人和導師B・W・（他要求不公開姓名）就從金錢遊戲徹底解脫，我自己也是如此。現在，我以新方式生活，這部分會在第十三章中詳述。而且一直以來，我也私下教導全球各地人士這樣做。對你來說，徹底解脫也是相當實際又相當可行的事。

如果你遵照本書結尾時提供的行動步驟，並且想從金錢遊戲中徹底解脫，你就能從自己的經驗證明我分享的一切既眞實又有效。我會在後續章節詳述這項重點。

這本書分爲六個部分：

一、爲何我有此發現及引發這項發現的突破。

二、遊戲規則。

三、讓人得以「從金錢遊戲徹底解脫」的哲理。

四、記錄並證實這項哲理的科學。

五、由這項哲理與科學產生的特定、實用、簡單卻非常有效的行動步驟，讓你能以目前無法想像的方式改變自己的人生與財務狀況。在這個部分，我也會分享眞實故事，說明這項哲理與科學究竟是怎麼回事。

六、邀請你在信念上做出大躍進，應用你從本書的發現，親自證實這些發現的正確性和效力，開啓嶄新且截然不同的生活方式。

在〈導論〉部分，我們從背景開始講起。在繼續看下去以前，請將步驟五再看一遍。爲什麼？因爲我要花一些時間，講完讓實際行動步驟成爲可能的哲理與科學。在這段期間，有時你會覺得不耐煩，巴不得我趕快講「重點」。我希望你記得，我們正往日常生活實務應用邁進。而且我向你保證，我們談到徹底解脫流程的實務面時，你會了解並感謝我花一些時間爲大家打好根基。

許多人加入我的行列、發現你即將在這本書中發現的事，他們最後都會問我：「你在哪裡找到這東西？」我這樣回答：

我唯一能回答你的方式是，把它比喻為拼圖玩具組合。這裡一片、那裡一片、另一片放這裡、另一片放那裡。個別來看，每片拼圖都長得不太像，但是愈多片拼圖湊在一起，就開始呈現全貌。然後，當更多片拼圖組合起來，整個圖形終於清楚呈現。我不是從哪一個人或哪一個來源得到所有拼圖，但是我一直不斷地尋找、收集並組合各部分的拼圖。然後有一天，正要發現的全貌突然清楚呈現——讓我佩服不已。同樣地，只要你願意，這東西也會令你讚嘆。

祖父教育我長大也給我第一片拼圖，他是一位令人讚嘆的人物。祖父亞倫・薛弗德(Aaron Scheinfeld)將一個簡單構想，落實為萬寶華公司（Manpower, Inc.）這家財星五百大企業（Fortune 500）。或許你聽過這家公司，這是全球最大的臨時人力派遣服務業者。我日漸長大，開始知道祖父締造龐大成功和累積財富背後，有某件相當不尋常的事——這些祕密就連我家人都不知道，也從未提及。

十二歲時，我一有機會就向祖父提問，設法解開這個重大祕密。那一年內，祖父一再推託其辭。後來我們整個大家族到瑞士克倫斯慶祝祖父七十大壽時，祖父邀我跟他一起喝杯熱巧克力，這時候他終於把他的故事跟我說。

那一天，祖父帶領我開始了解兩項關鍵眞相，進而讓我的人生從此截然不同：

一、世上發生的事，背後都潛藏著一股驅動力，發現這件事的人寥寥無幾。

二、藉由了解並學習利用這些潛藏力量，就能釋放並運用龐大力量，在生活中創造奇蹟。

以整個歷史來看，書籍、錄音帶和演講一直充斥著類似訊息。但是祖父說的「潛在力量」和他利用這些力量的方式卻相當不同，所以即使這些字眼看似熟悉，請耐心地聽我說，因爲我將爲大家呈現截然不同的面向。

我跟祖父在瑞士克倫斯小咖啡館的初次討論，好壞消息參半。好消息是祖父開始教我有關潛藏力量的眞實本質，並指導我如何利用這些力量。壞消息是七個月後祖父就過世了，還來不及把我教完。所以我花三十五年的時間，應用他教我的東西並遵照他遺留的許多線索，我搞清楚祖父若還活著會教導我的整個系統，然後孜孜不倦地找出遺失的拼圖，將它們組合到整個系統中。

這三十五年來，我發現許多遺失的拼圖。我將它們組合到我應用的系統中，自己也成爲金錢遊戲大師。在我事業生涯初期，我應用這個系統成爲某家電腦轉賣商的頂尖業務員，也在擔任業務經理、企業溝通經理、區域經理、最高行銷主管、行銷副總裁、顧問和企業家時，締造優異成效。

後來，我應用這套系統創造並執行一個行銷模式，讓潛能大師東尼・羅賓斯（Tony Robbins）多媒體研討會座無虛席，也協助美國連接點（Connecting Point of America）電腦連鎖店業者，在不到三年內，業績從九千萬美元激增到三億五千萬美元，擁有驚人獲利。

當我繼續應用這套系統累積更多個人財富時，最後卻負債十五萬三千美元。後來我東山再起，重新累積財富，讓自己比以往更富有。這次東山再起時，我進行許多計畫，包括讓藍海軟體公司（Blue Ocean Software）在四年內，業績從一百二十七萬美元增加到四千四百三十萬美元，並三度名列《公司雜誌》（*Inc. Magazine*）的「公司雜誌五百大企業」。這項龐大成長加上驚人獲利能力，讓藍海軟體公司受到軟體業巨人英圖特公司（Intuit）的青睞，以一億七千七百萬美元收購藍海軟體，也讓我獲得相當可觀的報酬。

在那段期間，我還寫了兩本暢銷書，透露我當時收集的拼圖。我的第一本著作是《通往成功的無形途徑》（*The Invisible Path to Success*）、第二本著作是《第十一項要素》（*The 11th Element*）。

不過，藍海軟體公司賣掉一年後，我也從後續一連串的事業成就中賺到更多錢，我觀察到自己絕大多數的財富又開始消失。我停下來問自己：「一點道理也沒有。我一定錯過什麼。」以《愛麗絲夢遊仙境》（*Alice in Wonderland*）和電影《駭客任務》（*The Matrix*）的名言來說就是，我知道自己必須「要往兔子洞裡再走進去一些」。

第一次失敗時，我只影響到自己，當時我還沒結婚生小孩。失去一切，讓我痛苦萬分，但我總能忍受極大的痛苦。不過現在，我有老婆和兩個小孩，也已經為一家人創造相當幸福的生活和生活方式。如果我再次失敗，我知道這種痛苦將難以忍受，家人也會這麼認為。所以我很擔心，也開始著迷於找出自己仍未知道之事。我再度展開探索，專心找出祖父要給我、但我顯然還沒拿到的那些失落拼圖。八個月後，我找到這些拼圖了。在這本書裡，我會跟大家分享這些拼圖。

以我的個人經驗及與許多鉅富（包括一些全球鉅富）的關係，我發現金錢遊戲是你贏不了的遊戲。你很快就會發現，如果你依據從小學到的規則和結構，不管自己多麼精通金錢遊戲，不管你在金錢遊戲中累積多少錢，這場遊戲總會引發某種形式的失敗，例如：壓力、憂慮、痛苦、某種損失或理想破滅。

依照大多數專家教導的方法，只是更精通金錢遊戲、累積更多金錢，這樣做其實行不通。事實上，你必須從金錢遊戲徹底解脫，開始利用一套**自己**選擇的新規則，進行新的遊戲。當事情眞正改變，也**維持改變狀況**，生活就眞的令人興奮！

在繼續討論前，還要先說明另一項重點。翻閱這本書時，有些人從頭看到尾循序漸進地閱讀。有些人這裡翻翻、那裡看看，某些章節略過不看，某些章節看得很仔細。我寫這本書的目的是要協助你，從金錢遊戲中徹底解脫。因此，我必須以特定順序提供你特定的拼圖，協助你以特定方式組合拼圖。

如果你依照我的帶領，就會看到壯麗堂皇的「全貌」呈現眼前，也能獲得權力從金錢遊戲中徹底解脫。如果你不依照順序，就會發現桌上擺滿一堆看似可笑的紙板，你可以找到捷徑取得實際力量，卻依舊被困在金錢遊戲的限制和束縛中。簡單講，請你耐心點，依照自己的感受，依照自己的步調，循序閱讀這本書。相信我，跟著我的帶領，我知道如何讓你從金錢遊戲中徹底解脫，我可以幫助你做到，但是你必須依照我在特定處境跟你分享的地圖行事。

打從一開始你也必須了解，光看這本書，我無法讓你從金錢遊戲徹底解脫，我只能告訴你方法，爲你打開通往新世界的入口，協助你通過這個入口，告訴你在新世界裡該做什麼。要眞正從金錢遊戲徹底解脫，你必須做一些事。我會告訴你該在什麼時候做什麼事，以及怎麼做。這一路上，我會提供你極大的協助，但是「抵達」終點前，必須經過一個漫長且耗時的旅程，你也需要做出承諾，要有耐性、毅力和紀律。

如果你做出承諾並願意這麼做，日後就能獲得目前無法想像的報酬。我可以明確地說，一旦你從金錢遊戲徹底解脫，在生活中，金錢就不再是問題。此後也不必再擔心帳單、現金流量或收支平衡。

不必再問：「這我買得起？」或「那我該買嗎？」生活中也不必再擔心現金收入與支出，不必擔心資產負債、個人所得、存款、債務、獲利或稅款。

不必再爲了設法管理、保護和增加現有財富，引發困惑、壓力和一堆複雜事物。不必再爲了「收支平衡」或在生活中開創一點喜悅或奢華，而工作到焦頭爛額。

一旦你從金錢遊戲徹底解脫，金錢方面再也沒有任何限制與束縛。不管現在這一點聽起來多麼誘人，當你從金錢遊戲徹底解脫時，你的人生就會出現這樣的改變，發生的情況正是如此。所以，從金錢遊戲徹底解脫是你必須體驗才能了解的事。

基於一項特定原因，我將這項遊戲稱為「金錢**遊戲**」。要發現其中緣由和金錢遊戲的規則，請翻閱第一章。

1 遊戲規則

上場後三支好球都沒打到，就被三振出局——這是棒球規則，是那種遊戲的規則。但是，這種規則只應用在棒球比賽。

——傑西（J·C·）

如果你跟我接觸到的大多數人一樣，你可能從不認爲金錢及追求財富是一場遊戲。我跟人們談論此事並詢問他們的意見時，大家通常這麼說：「金錢絕對**不是**一場遊戲，而是相當嚴肅的事。」

徹底解脫流程的第一個步驟是，確實「了解」個人財務世界中的每樣事物——所得、淨值、投資、存款、稅款、費用、發票、應收帳款和應付帳款、獲利等等——都是一場驚人、精心設計、龐大獨特且錯綜複雜遊戲的一部分。我會在這一章介紹**金錢遊戲**的基本規則，在後續章節再做更詳盡的介紹。

如果你仔細觀察，大多數遊戲都有其規則和清楚的結構，也明確界定開始時間和結束時間，並清楚定義輸贏。選擇參與遊戲者都同意遵照規則並遵守遊戲結構，這樣做遊戲才得以進行。雖然有一些人以遊戲為職業並以此維生，但是大多數人只是為了好玩和樂趣才玩遊戲。人們喜歡觀賞比賽，就是基於同樣的理由。

舉例來說，美式足球是由皮革製成、有一定大小並符合嚴密規格。足球場長一百碼，一場比賽有四局，每局十五分鐘。球員帶球進入達陣區得六分；帶球觸地射門得一分；直接射門得三分；進攻隊的球員若在自己的達陣區被敵人擒抱，對方可得二分。第一次進攻為十碼，任何時間只有固定人數的球員在場上比賽，他們必須守備特定位置。有規則規定球員在場上能做什麼，不能做什麼，若違反規則就會受罰。四局比賽結束時得分較多者獲勝；若在規定時間打成平手，則延長比賽直到分出勝負。

棒球是另一個例子，棒球場有特定形狀和大小，呈現鑽石狀。在比賽時，每隊只有九名球員上場比賽，就像足球比賽一樣，每位球員守備特定位置。棒球比賽要使用符合明確規格的球棒、棒球和手套。每場棒球比賽有九局，每局每隊容許三位球員出局。每位上場的打擊手有四壞球、三好球的機會。投手站上稍微墊高的投手板上，跟打擊手所站的本壘有特定距離。各壘之間也有特定距離。打擊手經過一壘、二壘、三壘回到本壘，可得到一分。九局結束時得分較多的球隊獲勝（平分時則延長比賽直到分出勝負）。

再舉高爾夫球賽爲例。打高爾夫球的人在高爾夫球場打球，球場上有一定數目的球洞、果嶺、球道、深草區、沙坑和水池。打球者使用L形金屬球桿，這種球桿是爲了能準確將球打進小洞而設計。打球時必須依照特定規則，違規者就要受罰。比賽結束時桿數最低者獲勝。

如果你仔細並客觀地檢視足球、棒球和高爾夫球等球賽，你會發現這類規則和結構似乎完全武斷，沒什麼道理。想想看：

- **美式足球**：抱著一個充氣膨脹的皮球跑，或設法跨越白線和得分點時，將這顆充氣皮球丟給別人。不然就是，想辦法把這顆皮球踢過兩根金屬柱抵達得分點。
- **棒球**：設法用木棒擊中向你高速飛來的橡膠圓球或皮製圓球。接著，如果你擊中球，而且球沒被其他球員用手上大型皮革手套接到，你就要邊跑邊觸及放在地上的三個方形壘包，然後回到本壘才能得分。
- **高爾夫球**：用L形鈦金屬球桿設法擊中橡膠製的小圓球，想辦法用最低的敲擊數或「桿數」，讓圓球進到幾百碼外淺淺的小洞。

如果你檢視橋牌、大富翁、撞球、西洋棋、跳棋、二十一點等其他普及遊戲的規則和結構，也會發現同樣的武斷。你會問自己：「怎麼有人想到這麼奇怪的遊戲、規則和結構！」雖然初次審視時，這些規則和結構看似武斷，但是後面卻潛藏著創造規則與結構要用到的智慧、計畫和意圖。

參與者很少質問所參加遊戲的緣起，或懷疑規則與結構看似武斷的本質。這些遊戲老早就發明了，所以後來人們玩遊戲時，只是照著「有影響力人士」的說法去做。

金錢遊戲的情況也一樣。在仔細客觀地審視時，你很快發現金錢遊戲的規則與結構看似武斷，也不太合理。不過在後續章節你會看到，潛藏於金錢遊戲設計後，讓人佩服的智慧、計畫和意圖。我保證，當你發現此事必會震驚不已！爲你開啓大門，從金錢遊戲中徹底解脫。

我們長大成人，度過特定年紀時，就成爲運轉不息金錢遊戲的玩家。跟運動員和其他遊戲玩家一樣，我們從未質疑金錢遊戲的規則與結構。我們只是接受學到的規則與結構，並依此進行遊戲，彷彿它們銘刻在石板上，沒有協商的餘地。

在此先介紹我們被教導的三大規則與結構，這是在玩金錢遊戲會出現的「眞實」情況。其實，這類規則與結構還有幾十項（包括許多有關稅款、政府、投資等），但是下列這三項卻是我們最熟悉、也讓我們受害最多的規則，這一點你很快就會了解：

一、財源供給有限。可供你使用的金錢有限，每次金錢「流出」，有限供應的金錢數量就減少。因此，你必須想辦法持續補充供應，否則錢會用完。你必須小心負責地保護你的錢，確保錢不會花光。因為金錢的核心供應有限，你也必須有長期計畫，好好儲蓄，聰明地投資，經年累月地增加資產，供退休生活所用。

二、金錢流通。金錢會流進和流出。金錢「就在那裡」，不知何故金錢跟你是分開的，你必須去拿到錢，讓錢進入你的生活中。另外，當你花錢時，錢就從你這裡移動到別人那裡，然後你的錢就變少了。你有收入和支出，你必須管理這兩者的變動，才能讓收入超過支出，這樣做才有獲利可言。如果你想提高生活品質，就必須增加獲利。

三、為了增加個人財源，你必須更努力或更聰明地工作。人生中無法想要什麼就有什麼。萬事萬物都要「花錢」。想要的每樣東西，都會讓你「付出代價」。你必須「賺」錢，天底下沒有白吃的午餐。沒有付出就無法獲得。所以，如果你希望有更多錢，就必須想辦法增加更多價值或更努力工作——或更聰明地工作

——才能賺到更多錢。而且你必須培養賺錢技能，全心全意地賺錢，否則你絕對不會有很多錢。

要支持傳統金錢遊戲的規則和結構，我們一直對下列共同信念信以爲眞：

· 金錢是一切邪惡的根源。
· 金錢是污穢或不好的——擁有金錢者亦然。
· 有錢人愈來愈有錢，窮人愈來愈窮。
· 錢永遠都不夠。
· 你必須控制金錢，否則金錢就會控制你。
· 錢總是愈多愈好。
· 錢得來不易。
· 有些人有賺錢技能，有些人没有。
· 人不可能既懂得賺錢**又**高尚。
· 資產淨值就是財富與成功的實質評量。

・你必須未雨綢繆。

聽到我這麼說，你或許很驚訝，我剛才提到的這些規則或信念，及其衍生出的次要規則和信念，竟然沒有一項是眞的。沒錯，沒有一項是眞的。這些都是杜撰出來的，就跟所有遊戲的規則一樣。只是我們信以爲眞。

現在，我打算先爲兩項重點播下種籽，然後在第三章時再讓其長大茁壯。

一、你無法在金錢遊戲**獲勝**。

二、具體地說，金錢遊戲是爲了創造徹底失敗而設計的。

你無法在金錢遊戲中獲勝，因爲：

・**「獲勝」並沒有清楚定義**。你怎麼知道自己在金錢遊戲中獲勝了?你問過自己這個問題嗎?當你覺得自在時就算獲勝嗎?成爲百萬美元富翁就獲勝嗎?或是要好幾百萬美元才算獲勝?要有十億美元才算獲勝?超越自己訂定的其他所得目標或資產淨值目標，就算獲勝嗎？以我的經驗來看，雖然許多人爲自己訂定財務目標，爲金錢遊戲獲勝做明確定義者卻少之又少。如果你不知道目標爲何，怎麼可能擊中目標或知道自己是否命中目標？

• **你的錢總是岌岌可危**。不管你累積多少錢，你的錢總處在危險狀態。你可能透過不當管理、過度開銷、股市崩盤、投資失利、被盜用侵吞、被偷、離婚、訴訟、經商失敗、銀行破產、悲劇意外等諸如此類的事，損失所有財產或大多數財產。況且，錢都沒了還不打緊，你還可能背負一大筆債務。你有愈多錢，愈聰明地理財，就誤以爲自己的錢很有保障，但事實上，不管你有多少錢或你怎麼管理錢，錢絕對不安全。累積龐大財富後，經過一代或幾代的時間卻把財富賠光，這種故事在歷史上比比皆是。

• **沒有正式的終點**。金錢遊戲何時結束呢？當你達到爲自己設下的某些里程碑嗎？但是這樣行不通，因爲即使你暫時達到或通過這個里程碑，你的錢還是岌岌可危，所以你可能失誤，損失你所累積的財富。退休時，金錢遊戲就結束嗎？情況也不是這樣。你的錢還是處於危險狀態，即使你不再工作，卻仍舊任由金錢遊戲規則與結構的擺布。那麼當你死時，金錢遊戲結束了嗎？或許你辭世時，**你**的金錢遊戲結束了，但是你的家人和繼承人依舊深陷金錢遊戲中。如果金錢遊戲沒有正式的終點，你怎麼知道自己是否獲勝或何時獲勝？在足球賽第三局結束時領先，能說自己贏了嗎？在棒球比賽第七局時領先，能說自己獲勝嗎？打一場高爾夫球十八洞的比賽，在打完十二個洞時以桿數最少領先，能說自己獲勝嗎？不行！

• **總要付出代價**。你也不能在金錢遊戲中獲勝，因為即使你賺到許多錢，保留一些錢，花了一些錢，聰明理財和投資，讓自己的資產淨值不斷增加，過得如國王或皇后那般的生活，也為舒適甚至奢華的退休生活做好準備，但是依據傳統規則進行金錢遊戲，總會引發一些各式各樣的緊張、壓力、不滿、痛苦或損失——尤其是失去閒暇時間、健康和關係。我相信你一定親身經歷過、看過或知道有人成功地累積龐大財富，最後卻

——生病。

——孤獨。

——早逝。

——偏頭痛或其他讓人衰弱的身心失調。

——精神瀕臨崩潰。

——覺得心裡很空虛。

——生活優裕卻認爲很無聊，心想：「一切就這樣嗎？」

- **總有人比你更成功**。只有極少數財務相當成功者例外，大多數人都掉入金錢遊戲設計的陷阱中。當人們互相比較誰有錢，想要更有錢的慾望就油然生起，於是訂下目前遙不可及卻好像做得到的目標，這時就掉入金錢遊戲的陷阱中。舉例來說，王小姐每年賺進二十五萬美元，對自己相當滿意，她看到陳小姐每年賺進一百萬美元的生活後相形見絀。或者王先生搭商務客機頭等艙出差，得知陳先生是搭私人飛機出差；或是王太太有一幢豪宅，卻看到別人有兩幢豪宅。這類比較都會引發一種不滿模式。當我們在財務成功的食物鏈中往上移動時，這種模式會繼續不斷地發生。

想像依據我描述的規則和結構，進行或觀賞其他任何遊戲。想像一下，進行或觀賞一場無法知道誰獲勝的遊戲，沒有正式終點，不管自己已經獲得什麼，卻知道總有其他團隊或其他玩家比你玩得更好；即使你以爲自己贏了，最後你總是輸家（因爲你必須付出代價）。

有誰想玩或觀賞這種遊戲？沒有！對玩家來說，這根本是夢魘。沒有人自願參加這種遊戲，而且也沒有人想觀賞這種遊戲。這樣做有什麼意義呢？

儘管如此，每天有幾十億人現身參與並觀賞金錢遊戲，完全沒有注意到眞正發生的事實。這當中有許多人相信，自己在金錢遊戲中獲勝，相信自己是贏家，或相信自己在周遭或媒體上看到的人是贏家——而這一切只是錯覺。

在第七章，我會透露爲什麼你無法在金錢遊戲中獲勝的更大原因。但是現在，我必須提供你完成這張拼圖所需的更多基礎部分。

從來沒有人告訴你，金錢遊戲跟我們進行的其他遊戲截然不同。談到金錢遊戲，沒有任何事情銘刻在石板上，**每件事情**絕對都可以商量。其實，你不需要接受金錢遊戲的傳統規則和結構，因爲你可以選擇！

既然你無法在金錢遊戲中獲勝，你就只有兩種選擇：

一、依據傳統規則與結構繼續進行金錢遊戲，知道自己不管玩得多好，終將成爲輸家並付出極大代價。

二、從金錢遊戲中徹底解脫，爲自己創造一個新遊戲，選擇自己的規則，**永遠**改變自己跟金錢的關係。

不管你認為這些話聽起來多麼瘋狂、多麼遙不可及，我保證一旦你看完這本書，就能採取第二種選項，從金錢遊戲徹底解脫。

在接下來的旅程中你將發現，在你生活中有三個令人不解的問題，你將學會如何以讓你從金錢遊戲徹底解脫的方式，回答這三個問題。請繼續閱讀第二章。

2 三個令人不解的問題

生活是我的工作，也是我的藝術作品。

——**法國散文家蒙田**（Michel Eyquem De Montaigne, 1533—1592）

要是我只記得那些爲點燃生命熱情而努力的日子，而不記得爲求安身立命而勞碌的日子，那該有多好。

——**美國評論家暨作家愛德蒙・威爾遜**（Edmund Wilson, 1895—1972）

從有文字記載的歷史來看，有三個問題一直令人不解：

一、我是誰？

二、我爲什麼在這裡？

三、我的目的是什麼？

即使當下似乎不明朗，但你很快就會發現，若無法爲這三個問題找到實際答案，就不可能從金錢遊戲徹底解脫。而且或許你覺得很有趣，我在本章（和後續兩章）中跟大家分享的許多拼圖，其實是當初在瑞士克倫斯喝熱巧克力時，祖父跟我分享的事。基於尊重和敬畏，我很認同祖父的說法，也以他的成就爲榮，我毫無疑問地接受你即將發現的構想。不過，這些構想對我來說並未馬上成眞，我並沒有完全了解這些構想的重要性或效力，也無法依照這些構想採取任何實際行動。直到數十年後，當我把更多拼圖圖片湊起來也更有經驗後，我才知道這些構想的重要性和效力，這部分容後再述。

我相信，我們沒有辦法知道有關這三項問題解答的絕對眞相。爲什麼？因爲有特定的神祕存在，它們如此龐大複雜，不是我們現有意識與進化程度所能理解。既然我們無法確定這三項令人不解問題的答案，我們所能做的只是創造接近眞相的模型，這樣做就足以讓我們在日常生活中，獲得實際利益。

因此我在後續幾章要跟大家分享的，就是讓你得以從金錢遊戲徹底解脫的實用模型。這個模型完美嗎？不完美。如果試用這個模型，會找到破綻嗎？會。我可以告訴你，儘管這項模型有缺點，但卻相當有效。當我在本章和下一章分享這項模型的哲理時，或許你認爲這一切有些「虛幻不切實際」，或讓你覺得「迷迷糊糊」，但是請你把下面這兩個想法牢記在心：

一、不管乍看之下讓人做何感想，但它們卻是拼圖要件。你看到第六章就會明白，這些哲理實際上有多麼重要——一旦你看完這本書，會更了解它們的重要性。

二、在第四章和第五章，我會跟大家分享考證並證實這項模型之哲學要素的先進科學。如果要你相信我在本章和下一章所分享的想法，會令你產生任何疑問，那麼這項先進科學對你就很重要。

現在，我們就先看看第一個令人不解的問題。

我是誰？

如果你接觸過有關新時代、形而上學或靈性思考的書籍、錄音帶或研討會，你一定聽過這種說法：「我們是擁有肉體經驗的靈體。」我同意這種說法，這跟我要向你說明的模型完全相符。

你**其實是**一個擁有無窮能量又非凡出眾的存在體。動動手指，你要的東西就在瞬間出現。你所熟悉的所有能力概念，都比不上「眞正的你」擁有的無窮能力和無所不能。所有自然力量和人們彙集加乘的能力，根本無法與你所能隨意支配的能力相比。由於你的生活背景和信念使然，或許這種說法讓你大感訝異。不過，如果你依照我在這本書提供的指導，這就是你能夠**親身體驗**、**自我證實**的事情之一。

因爲你有能力創造你想要的一切，你的自然狀態是無限富足（Infinite Abundance）的一種狀態。在你的自然狀態中，你不「缺少」任何東西。沒有東西遺失了，也沒有尙未滿足的慾望。身爲一個無限存有（Infinite Being），你也一直保持在平安喜樂的狀態。

身爲一個擁有無窮力量、既聰明又富足的存在體，你有無窮的慾望要表現創意，徹底體驗源自於這種表現的擴展與喜悅。事實上，無論如何，所有人的生命在本質上都跟創意表現有關。

接下來，我們看第二個令人不解的問題。

我爲什麼在這裡？

你在這裡玩遊戲！在日常生活中，你著手處理日常事務。然後，你時常撇開日常事務，玩各種不同的遊戲。我指的遊戲是運動、棋盤遊戲、紙牌遊戲、爬山、騎自行車、高空彈跳、開快車、看電視或電影或戲劇、看一本很棒的小說、繪畫、唱歌、聽音樂或做自己眞正愛做的事。你因爲樂趣、喜悅、娛樂來選擇遊戲挑戰自己、探索可能性、擴展自己的視野和能力。

談到「你爲什麼在這裡」這件事，情況也一樣。你來自另一種意識層級的無限存有所在之處，你也決定花時間遠離日常事務，玩一場遊戲。那場遊戲就稱爲**人性遊戲**（The Human Game），**金錢遊戲**則是人性遊戲中的主要部分。

你感到很驚訝嗎？來這裡只爲了玩一場遊戲，這樣太微不足道或不足以說明人生的痛苦、艱難和錯綜複雜嗎？如果是這樣，請你耐心點，讓我透露更多更多的拼圖。

接下來，我們要看第三項令人不解的問題。

我的目的是什麼？

你有一般目的和特殊目的。一般目的就是玩人性遊戲，得到人類進行**所有**遊戲所獲得的好處：樂趣、喜悅、娛樂、挑戰、延伸、擴展、探險、發現可能性等諸如此類的事。

你的特殊目的是——以身爲獨特的無限存有所選擇的獨特方式，進行這場人性遊戲。我們都要進行人性遊戲，但是每個人玩這場遊戲的方式截然不同。即使看起來我們好像在做同樣的事，以同樣的方式做事，或基於同樣的理由，但事實並不是這樣。身爲無限存有，每樣東西都是爲我們訂製設計的，當你看完第四章和第五章就會明白。

芭芭拉·杜威（Barbara Dewey）在其著作《創造宇宙》（*The Creating Cosmos*）中，提到下面這段話（「創造宇宙」意即我所說的「人性遊戲」）：

> 在最終分析中，我認爲創造宇宙的最重要目的是——創意可能性的喜悅展現。光是要滿足這項目的，就需要最卓越結構的設計，是在簡單和機會這兩方面的突破，也是在協調合作的情況下給予全然的自由。在創造宇宙這個概念裡，沒有輸贏之分，因爲每個人玩自己選擇的遊戲，所以只有贏家，沒有輸家。

如同第一章所述，所有遊戲都從概念開始成形。然後興建遊戲場，接著設計必要工具和援助資源（例如：高爾夫球俱樂部、足球、棒球、網球球拍），然後發展所有玩家要參與遊戲必須嚴格遵守的規則和結構。人性遊戲的情況也一樣。

現在，我們來討論驅動人性遊戲的概念。我是電視影集和電影《星艦迷航記》（*Star Trek*）的忠實觀眾。在這部影集中，有一個稱爲「最高指導原則」（Prime Directive）的概念。最高指導原則就是指導星艦企業船員在太空探險時的核心原則。人性遊戲也有最高指導原則，就是你將無限能力和創意表達的無限能力設限，讓自己在自然狀態的無窮智慧、富足、喜悅與平靜都受到限制，然後探索發生什麼事。我在本章將從哲學觀點介紹這項概念，在說明一些更重要的拼圖部分後，會在第七章從基本、日常實際觀點繼續討論這項概念。

我們玩的所有遊戲起初都是由某人基於特定原因和動機所設計。人性遊戲也不例外。從擴展且無限的觀點來看，想像某一個無限存有認爲：「如果我限制自己、約束自己、隱藏自己的能力、智慧、富足和喜悅，看看會發生什麼事，這樣不是很有趣嗎？」我眞的能讓自己確信，這些東西不見了嗎？我眞的能說服自己，我跟眞實自我恰好相反嗎？接下來會發生什麼事？如果我眞能做到這樣，那麼整個旅程和體驗會是怎樣？

既然你是無限存有，如果你想玩一場限制約束自己的遊戲，你必須創造一個替代自我或人格面具（persona），當成這場遊戲的主角。然後，你必須向人格面具隱瞞所有對眞實自我、所有能力、智慧、富足、喜悅與平靜的認識。接著你必須設計其他玩家跟你一起玩這場人性遊戲，爲這個遊戲設計一個遊戲場，並且設計一位協助者，在你無法認清自己是誰、情況究竟如何發展的「眞相」時，能夠祕密地指點你。

進行人性遊戲的人格面具，現在正在看這本書——你也一直以爲這就是「你」。其他玩家就是你周遭看到及跟你互相影響的人，這部分會在第六章討論。遊戲場是我們說的宇宙或物質實體或稱三度空間。祕密指點我們的協助者就是「眞正的你」（Real You），也就是你的無限自我（Infinite Self），在這本書裡將以**擴展的自我**（Expanded Self）稱之。

看到這些字眼或許讓你眼花撩亂，不過重要的是了解到，你的人格面具和擴展的自我雖然看似不同，在最深層處卻合爲一體，是屬於同一個無限存有。表面上的區分是意識（Consciousness）的狡計所創造之必要幻覺。這部分在後續三個章節會做討論。

其實從人格面具誕生起，你就開始隱藏自己的龐大能力、智慧和富足，建造一個替代實體（遊戲場）進行人性遊戲。在我們繼續討論限制、束縛和人性遊戲前，讓我先在你的擴展意識中播種。這部分的內容也引用杜威的說法：

因此，我們誤以爲自己受到命運擺布，自己不是命運的主人。這類信念讓我們覺得無能爲力，也急於利用技術協助，彌補自以爲不足之處。沒有人鼓勵我們運用自己與生俱來的心電感應能力，反正有電話可用。我們不需要完全記憶力，反正有電腦就好。我們不需要歸巢本能，因爲我們有地圖。我們不需要講究養生，反正有醫生幫忙。

除了隱藏自己的能力並打造一個替代實體進行人性遊戲，你也讓自己確信，隱匿處既痛苦又危險，既恐怖又致命，應該不計代價地避免，這部分會在後續章節討論。

如同一場棒球比賽有九局、足球比賽有四局、高爾夫球賽要打完十八洞，人性遊戲則有兩個階段。

第一階段

在人性遊戲的第一階段，擴展的自我運用所有能力、創意和設計才能，隱藏你對「眞正的你」及本身自然狀態的所有認識——也不計代價地阻止你發現「眞正的你」。盡可能地讓你確信人格面具和三度空間遊戲場是眞的，並逐漸地限制和約束你，直到你完全相信自己是另外一個人（跟「眞正的你」截然不同）。坊間談論成功與自我成長的書籍，將這項過程做出極爲不同的定義，通常以「自我催眠」（programming）或「自我制約」（conditioning）稱之。

當你思索這一點時問問自己，我們出生時沒有任何能力、知識或富足，這樣無助的嬰兒就開始玩起人性遊戲，難道純屬意外！

第二階段

在你忘記自己是誰，沉浸於人性遊戲第一階段極度受限束縛的經驗後，擴展的自我開始催促你進入第二階段。這時候，你開始覺得不完整，好像遺失某樣東西，彷彿一切再也沒有意義，一定有什麼事你不知道。然後你開始找尋答案，找尋人生更崇高的目的。

這時候，你還不記得自己究竟是誰，或是自己究竟擁有多少能力、智慧和富足。儘管如此，你開始尋找眞相。接著，擴展的自我轉變角色，帶你走上世紀尋寶，支持你重新獲得你在第一階段隱藏的所有能力、智慧與富足。一旦你重新獲得能力、智慧和富足，就能開始無拘無束地進行人性遊戲。我以**徹底解脫點**（Busting Loose Point）稱呼這個交叉點，並在後續章節做討論。抵達徹底解脫點時，事情變得棒極了。

順道一提，你發現這本書也並非偶然。就某種程度來說，除非你想支持自己進入第二階段，或正準備邁入第二階段並使用這本書做爲基礎訓練或暖身，否則你根本不會看這本書。

看到這裡，你可能想到：「怎麼有人想玩這種遊戲？要把那麼多能力、富足和智慧藏起來，然後重新找到它們。聽起來很瘋狂。」

如果你這麼想過，那我問你兩個問題：

一、人爲什麼要玩遊戲？

二、如果你誠實客觀地檢視，人性遊戲的規則和結構眞的比高爾夫球、棒球、籃球、足球、美式足球、西洋棋、跳棋或大富翁的規則和結構更武斷或瘋狂嗎？

如同我們先前的討論，不管乍看之下遊戲規則和結構有多麼瘋狂，或者有時進行遊戲是多麼困難，人們完全是爲了樂趣、挑戰和快活而玩遊戲。大家耗費無數的時間、精力和金錢，訓練、參與並觀賞各種遊戲，也認爲這是非常合理的活動。對於擁有更多能力、智慧和富足的無限存有來說，爲什麼有任何不同？

或者這麼想：爲什麼有人願意離開溫暖舒適的家，去體驗痛苦艱辛，冒著生命危險，參加攀登聖母峰或高速賽車等活動？

你想過的這一切問題，其解答就是：你其實是一個很喜歡冒險的靈體，你渴望擴展自我和自我經驗。對「眞正的你」來說，人性遊戲的限制根本不算什麼。人性遊戲的挑戰是忘記你究竟是誰，並且隱藏你所有的能力，所以你可以從零開始玩遊戲。

另外也請這麼想，想像自己是一名建築師，客戶請你為他設計一幢令人讚嘆的建築物。你運用想像力預想這幢建築物的長相，然後擬定計畫。這樣做很有趣也很值得，但是看到建築物真正出現在三度空間裡並成為「真實」，更令人興奮。從利用人性遊戲的構想，然後看到構想在三度空間出現，進而實際地參與人性遊戲，其所衍生的挑戰、樂趣和報酬相當龐大。當我提供你更多拼圖圖片時，請把這件事想一想。

或許你也想過：「好吧，就算我認同人生是一場遊戲這種構想，但是為什麼有人願意**選擇**在人性遊戲中，體驗虐待、生病、貧困、掙扎、饑餓、強暴、謀殺和死亡這麼可怕的事？我不認為這些事有什麼樂趣或讓人愉快？」

我會在後續章節更詳細地討論此事，現在先讓我跟你分享一些想法：「真正的你」認為這些經驗一點也不可怕，而且在參與人性遊戲時玩得很盡興。「真正的你」知道這些經驗都不是真的，一切只是遊戲——就像你知道電影螢幕上發生的事不是真的。電影或許讓你害怕或高興，但你知道一切都是虛構的，沒有人**真的**生病、受傷、活著、死掉或賺大錢。

「真正的你」知道人性遊戲中的所有體驗，只是為了設計遊戲和進行遊戲的遊戲場所虛構。「眞正的你」知道這一切體驗只是**看起來好像眞的**，讓完全沉浸其中並信以爲眞的「人格面具」感到害怕——這就是人性遊戲的重點——讓一切看起來好像眞的，其實不是眞的。

讓幻覺看似眞實，就是人性遊戲設計的最大挑戰。不過除了看似眞實，人性遊戲必須既有趣又符合個人利益。以當代知名編輯梭爾·史坦恩（Sol Stein）對撰寫引人入勝小說的評論爲例：

> 棒球、足球或籃球等球季到達高潮時，美國男性人口中有相當高的比例，下班後花好幾個小時看電視轉播球賽，但是美國女性這樣做的比例卻少得多。舉例來說，棒球迷有意無意地期待球賽出現緊張及懸而未決的時刻，例如：打中球還沒被封殺前、跑者向壘包飛奔但還沒抵達壘包。其他遊戲的情況也一樣。觀眾希望自己崇拜的球員經歷緊張不安和喜怒哀樂，讀者閱讀小說時，也希望看到這一切。讀者喜歡這種期待和興奮，雖然這種事發生在生活中常令人擔心，但發生在球場或書籍內容中卻讓人開心。

對於在人性遊戲中完全融入電影體驗的無限存有來說，情況也一樣。我們也想要透過親身經歷，體驗緊張不安和喜怒哀樂。史坦恩繼續說：

但是我們要記住，當一個團隊——即使是我們支持的團隊——輕易獲勝時，我們就不覺得比賽很好看。體育競賽的觀眾和小說讀者最喜歡的是雙強敵對，平分秋色愈久就愈精彩。

史坦恩的睿智觀察也說明爲何人性遊戲第一階段的生活並不完美，爲何我們要在完全融入的電影體驗中，設計人生的高潮和低潮、挑戰和衝突錯覺。

我希望你記得太陽和雲朵這個隱喻。「眞正的你」擁有無限能力、智慧和富足，正如同太陽一樣。想到太陽，你就想到龐大的能量與能力，對吧？所以這樣比喻很恰當。

不過當你參與人性遊戲時，你必須創造幻覺說服自己，你跟「眞正的你」完全不同——也就是說，你要說服自己，你受到極大的限制和束縛，既脆弱又貧困，是會被人、事、物和地點所影響，自己無法控制一切的可憐蟲。這就好像創造一堆雲朵，遮住太陽，說服自己太陽不見了，雲朵才是眞實，只有雲朵存在。

把這項隱喻加以擴大，如果雲朵散開，太陽依舊照耀嗎？是的。颶風來臨時，太陽依舊照耀嗎？是的。下雨時，太陽依舊照耀嗎？是的。不管地球發生什麼事，太陽都依舊照耀。

你的情況也一樣。不管你的人生發生什麼事，不管情況怎樣，你**眞的**沒有改變。你還是無限存有，你本來就擁有無限能力、富足、智慧、喜悅與平靜。你只是說服自己，跟你完全相反的「人格面具」才是眞的你。我會在第四章和第五章中說明你要怎麼做。

由於人性遊戲第一階段的目標是限制自己、說服自己你和「眞正的你」截然不同，如果以無限存有的身分開始，事情一定無法順利運作，會遇到問題。如果仔細客觀地檢視，一切都不合理。許多時候，你會覺得很不自在，無法體驗眞正的財務富足，至少會付出**龐大**代價！你根本不可能長保心平氣和、心滿意足或興高采烈。

在第一階段裡，達成目標和實現願望的阻礙與抵抗是常有的事。覺得少了什麼或有什麼差錯，這種感覺一定讓你苦惱不已。爲什麼？因爲第一階段的重點是——說服自己，你跟「眞正的你」恰好相反。如果目標是要限制，你就無法擴展。如果目標是要約束，你就無法開放。這就是人性遊戲的運作方式。

如同我們所討論的，人性遊戲第一階段的目標就是要讓自己確信，你跟「眞正的你」

重點

為了讓人性遊戲的第一階段得以運作，一切真相必須遭到曲解或扭曲，避免你了解真相和自己的能力。

截然不同。因此在第一階段時，不管哪種教導試圖說明人性遊戲的眞意或如何進行人性遊戲，這類教導必定受到曲解或扭曲，或者遺漏某些重要事項。

另外，爲了避免你了解眞相和自己的能力，跟曲解眞相有關的技術一定也受到蓄意破壞，所以根本不「奏效」或經常發揮不了作用。如果你接受我在第十二章提出的挑戰，跨越第二階段的入口，你會發現這種情況處處可見——在自我成長書籍、哲學、形而上學、科學和宗教中。你看到一些訓示，經過探知後，你會這樣說：「那是眞的、那是眞的、那是眞的。天啊！」而且你會淸楚看到眞相受到曲解，哪些重要事項被遺漏了。這個過程其實很有趣。

舉例來說，研究坊間廣爲流行稱爲「視覺化」（visualization）的自我成長技術時，這項技術教導你，你擁有無限能力，只要你能在心眼中看到成效的淸晰影響，就能創造你想要的任何成效。你在自然狀態時，擁有無限能力，這是千眞萬確的事。只不過你在人性遊戲第一階段時，把無限能力隱藏起來，所以你的「人格面具」無法使用這些能力。但是「擴展的自我」（眞正的你）卻能創造任何你想要的東西。不過，在人格面具的心眼是看不到這種過程的，這種過程發生在其他地方，你會在第四章和第五章中得知眞相。

視覺化、自我肯定（affirmation）、顯現（manifestation）技術、吸引力法則（Law of Attraction）和其他廣爲普及的自我成長技術，是第一階段的傑出創作。爲什麼？因爲我們創造它們，我們讓自己確信它們是眞的，也應用它們，但是它們未必經常發揮功效，因此造成困惑、挫折和限制，剛好支持第一階段的目標。

如同我在〈導論〉所說，我在個人著作《通往成功的無形途徑》和《第十一項要素》中，也設計類似變遷過程。我受到許多眞相的牽制，但是要進行人性遊戲第一階段，我必須稍微曲解眞相，才能讓自己的系統終歸失敗，讓自己繼續受困在限制和束縛中——直到我準備好進入第二階段爲止。

人性遊戲第一階段的設計是，帶領你到讓你覺得有極大挫折和痛苦的境界，讓你開始感到無能爲力，好像有什麼事出差錯，人生不該只是這樣，一定有什麼你不知道的事正在發生。以強烈程度抵達這個境界，就是你準備好進入第二階段的訊號（至少擴展你

重點

第一階段的部分策略包括：百般要求自己，相信自己能處理事情、改善事情、讓事情順利運作、獲得所想要的每樣東西、變成既富有又開心。儘管所有談論自我成長、成功、個人成長和靈性導師說得天花亂墜，依據設計在進行人性遊戲第一階段時，這種狀況絕不可能發生。「獲得」就是既微妙又重要的區別。

對自我可能性的看法）。

記住，無論何時，當你決定要玩遊戲——不管是西洋棋、跳棋、足球、籃球、高速賽車、登山或任何遊戲，都必須遵守規則，依照約定，尊重遊戲結構，否則就不能參賽。

進行人性遊戲時，眞正的能力、幸福、富足、喜悅和平靜，要等到你進行第二階段一陣子後，才會「回來」，我會告訴你該怎麼做。第二階段才是開啓並允許你從金錢遊戲徹底解脫的入口。我把這個入口稱爲**徹底解脫點**，等我幫你打好基礎後，會在後續章節詳述。

當你準備好發現人性遊戲的更多眞相，及我們設計進行遊戲的遊戲場之眞實本質，請翻閱第三章。

3 好萊塢也相形見絀

整個世界是一個舞台，所有的男男女女只不過是演員，有各自出場和退場的時候，有時候同一個人還要扮演好幾個角色。

——**英國文豪莎士比亞（William Shakespeare），《皆大歡喜》（As You Like It）**

現在，我要介紹另外兩項隱喻，幫助你了解人性遊戲和金錢遊戲的眞實本質，以及我們所選擇進行這些遊戲的場所，讓你爲下一章介紹的科學考證做好準備。這兩項隱喻以遊樂園和電影爲主題。

遊樂園是特別設計各式各樣乘坐物和有趣事物，提供人們娛樂的地方。你自己選擇要去遊樂園，沒有人拉你去或強迫你去。通常你跟認識的人一起去遊樂園，體驗自己感興趣的項目，忽略不感興趣的項目。你自己決定抵達和離開樂園的時間。你可能只去過一次或去很多次。現在，我請你將這個世界或我們說的**三度空間**，當成一個龐大的遊樂園。

如果你是一位無限存有，打算玩一場遊戲，你不可能**隨便**找一個遊戲來玩，那樣會讓你感到無趣。就像職業籃球隊跟國中二年級的籃球隊對打，實在無聊極了，一點挑戰、一點意義也沒有，也覺得很不實際。如果身爲無限存有的你，打算玩一場遊戲，那一定是終極遊戲，是相當錯綜複雜又精心設計的遊戲，讓你集中注意力，接受挑戰，一直繃緊神經，坐立難安。那可不是容易的事！

繼續以這個隱喻說明，要進行人性遊戲，就必須打造一個巨大的遊樂園，提供各式各樣極其複雜的乘坐物和有趣事項（遊戲）。在這個遊樂園中，金錢遊戲就是最熱門的項目之一。不過跟迪士尼世界這類遊樂園不同的是，進行人性遊戲和金錢遊戲的遊樂園，是設計用於提供相當罕見種類的有趣事項，我將這些事項稱爲**完全體驗電影**（total immersion movies）。

我們先花一點時間看看好萊塢電影。在好萊塢電影裡，事情並不像表面所見的那樣。每一個場景在拍攝前都經過精心策劃，腳本也一改再改。除非場景能完全符合電影創作者所預見的故事論點，否則不可能被剪輯到最後成品中。你在螢幕上看到的電影最後成品，沒有任何一幕是隨意或偶然的結果。每一幕都是爲了對你產生特定影響——讓你笑、讓你哭、讓你生氣、讓你開心而精心設計。

好萊塢電影中的每樣東西看起來眞實無比，但事實上卻不然。一切都是虛構的，都是幻覺，特殊效果擴大幻覺到讓人難以置信的程度。當你坐在電影院裡，你知道那是幻覺，但你為了享受娛樂，暫時放下自己的不信任。如果你到幕後了解電影的實際製作，了解各場景的眞實模樣，知道如何製造並應用特殊效果，明白剪接室的情況，然後你再看到螢幕上播放剪輯完成的成品並加以比較，你一定會為電影製作涉及的複雜程度、時間、精神和努力而讚嘆不已。如你所知，好萊塢幻覺擁有絕對的說服力，而且不這樣不行，否則我們就會走出電影院，絕不會再把辛苦賺來的錢，拿去看電影。

你的人生和人性遊戲也一樣。在你的電影中，你看到的一切都不是眞的。在你體驗前，每一個場景都經過精心策劃。除非場景完全符合你想要擁有的人性遊戲體驗，否則場景最後不會出現在你的電影裡。在你的電影裡，一切事物並非隨意安排或意外出現。不管你當時做何稱呼或評斷，為了協助你用自己想要的方式來玩人性遊戲，就必須**精心**設計好每樣東西。為了對你產生特殊影響（尤其是金錢遊戲）——限制你並讓你確信你跟「眞正的你」截然不同，

跟在好萊塢電影裡一樣，在你的世界裡一切眞實無比，但事實並不是這樣。一切都

是虛構的，你的五種感官體驗到的只是幻覺——所有道具和特效只是爲了創造一種替代眞實體，讓你進行人性遊戲而設計——你自己的特效也將幻覺擴大到令人難以置信的程度。當我帶你走到幕後，讓你知道人性遊戲樂園的完全體驗電影是如何製作的，你就會爲其涉及的複雜程度、時間、精神和努力而讚嘆不已。人性遊戲必須這樣才行，爲了協助進行人性遊戲而設計的幻覺，必須有絕對的說服力，否則人性遊戲就會突然終止，跟看了一部窮極無聊的電影，中途離開電影院一樣。

當你閱讀本書的更多章節內容就知道，讓金錢遊戲看似眞實所需的特效，會讓好萊塢的各項特效與動畫工作室相形見絀。

製作好萊塢電影要花費數百萬美元，動員數千人參與，還要使用極爲複雜和昂貴的電腦與其他設備。有時候，從電影開拍到上映，要花上幾個月、甚至幾年的時間。爲什麼要投資這麼多時間、精神、努力和金錢呢？或許你會說：「爲了賺錢。」沒錯，但是在好萊塢電影能賺錢之前，必須發生什麼事？必須先提供觀眾娛樂，對吧？而且爲了娛樂觀眾，必須發生什麼事？必須讓觀眾有所**感受**。

我認識的朋友都喜愛電影。如果因爲某些因素，你還是不明白我要表達的重點，那麼請耐心看下去就會明瞭。爲什麼這麼多人喜愛電影？我對別人這麼問時，他們大都這樣說：

- 電影既好玩又有趣。
- 電影讓人暫時擺脫日常事務。
- 你可以從電影中學習和成長。
- 電影讓你從不同觀點看事情，也讓你擁有獨特體驗。

說得有理，尤其是以我們先前在本章討論的觀點來看就是這樣，不是嗎？不過，深入探討這些見解，卻發現一個少有人知或完全了解的祕密。這個祕密就是**感受**。因為喜歡電影激發的感受，所以我們喜愛電影。事實上，我們根本不關心螢幕上的動作，只關心螢幕上的動作激發我們做何感受。

順道一提，這也是人們喜歡閱讀、參與和觀賞體育活動、聽音樂、看表演、打電玩、搭摩天輪、從事花式跳傘、登山、高空彈跳等諸如此類活動的原因。一切總是跟感受有關。外在體驗的重要性，在於其所引發內在感受的程度。

想想你真正愛做的事——你喜歡參與或觀賞的某種遊戲、你喜歡做的工作、你覺得

重點

以核心重點來看，電影、人性遊戲和金錢遊戲都跟**感受**有關，跟思考、邏輯或理解無關。

很好玩的事。然後問自己：「我爲什麼這麼喜愛這項活動？是什麼東西眞正吸引我？」你會知道，你眞正喜愛的是內在感受，就是這項活動引發的內在情緒。

人性遊戲的情況也一樣。其實，人性遊戲就跟感受有關，完全體驗電影螢幕上發生的每件事，只是一個引發特定感受的誘因，支持你以自己選擇的方式，在人性遊戲樂園裡玩耍。

我再提出另一個說明，加深你對這項重點的了解。我從不迷棒球，但是有一次我和熱愛棒球的友人聊天，我說：「我比較喜歡足球，足球的動作比較多，步調也比較快。對我來說，棒球實在既緩慢又無聊。你爲什麼那麼喜歡棒球？」

「棒球本來就是一種精神遊戲，」他說。「棒球的樂趣來自觀察機率。每當有事情發生——不管是好球、壞球、界外球、觸擊球、一壘安打、二壘安打、三壘安打或全壘打——就創造出全新的機率組合。觀察機率和『如果……就可能發生』的情境，就是棒球比賽的樂趣來源。」

人性遊戲的設計，也是要讓遊戲以類似方式運作。人性遊戲也跟探索「如果……就可能發生」的情境有關，因為每次有事發生時，一切都跟著改變，必須考慮並運用嶄新的機率組合。要讓我們繼續對人性遊戲感興趣，想要繼續玩下去，就必須這樣做。

現在，真正有趣的部分出現了。在電影院裡，你只是看電影，就算你讓自己融入劇情中跟角色產生共鳴，但是你依舊知道你是你。你仍然知道自己坐在電影院裡看電影，也知道那是電影情節，不是真的。你也知道這些情節跟你無關。簡單講，你跟電影發生的事件是有距離的。

不過進行人性遊戲第一階段時，你不僅觀賞，還**完全體驗**故事情節。想像一下，你坐在電影院裡，看到電影開始上映，你躍身進入螢幕，忘了自己真正是誰，開始扮演電影中的角色，以為自己就是劇中人物，也以為電影中的所有人、事、物都是真的。那就是我說的「完全體驗」，也是你在進行人性遊戲時發生的事。

現在我們來看看好萊塢電影是怎麼製作的。然後，我們再回過頭來，了解人性遊戲的完全體驗電影是怎麼製作的。在製作一部好萊塢電影前，必須先選擇有趣的主題。電影必須跟某件事情**有關**。必須有某人想探討的故事。接著是撰寫劇本詳述故事如何展開。

然後聘請導演、演員和工作夥伴，接著就開拍電影。當故事接近尾聲時，電影就結束了。

人性遊戲的情況也一樣。你必須在人性遊戲樂園中，挑選特定的有趣事項，撰寫跟這些事項有關的故事。我將此事稱為任務或人生目的。我說的有趣事項是什麼？你在物質世界和地球上看到的一切，都是有趣事項。如果你正扮演家長的角色，那就是人性遊戲樂園中的一個有趣事項。如果你在某家公司任職，那麼這項職務和這家公司就是一個有趣事項。如果你在高中教物理，那麼教學和這所高中就是一個有趣事項。同前所述，複雜又絢麗的金錢遊戲也是一個有趣事項。你看到在人們說的「世界」裡發生的一切，都是有趣事項。

依此比喻，在你選擇要玩特定有趣事項後，就開始撰寫劇本，詳述你在人性遊戲樂園中，完全體驗電影的經驗將如何展開。跟製作好萊塢電影一樣，擴展的自我受雇擔任導演，監督完全體驗電影的經歷，在一路上給你指點與保護。然後聘請演員陣容，也就是跟你一起在人性遊戲中扮演大大小小角色的一群人。你一出生，電影就開始，你過世，電影也跟著結束。

把前述重點做一摘要回顧，你在電影上所看到的一切，是把下列事項彙整後的組合：劇作者的意圖、製片人讓意圖成眞的決定、導演對所提計畫整體目的之敏感度，以及不同演員支持整體努力的能力。換句話說，你在螢幕上看到的是許多創意活動的最終表現，而你並**沒有**看到這些活動。然而你沒看到的這些創意活動，才是你所看到故事劇情的主因和來源。在我十二歲時，祖父就是以這些看不見的創意活動，讓我大開眼界，我後來花了數十年時間，了解並學習如何充分利用這些看不見的創意活動。後續章節會對此再做詳述。

在人性遊戲中，一樣有你看不見的創意活動。這些創意活動爲你創造體驗，讓你受困於金錢遊戲的限制中，最後讓你從金錢遊戲徹底解脫。當你準備了解這些看不見創意活動的眞相，請繼續閱讀第四章。

4 思想改革

任何一種基本量子現象，只在被記錄後才是一種現象，所以「在那裡」到底**在哪裡**，根本是一個無意義的問題。

——**物理學家約翰・惠勒（John A. Wheeler）**

我在前兩章跟你談到許多哲理，或許你認同所有說法，或許某些說法讓你大感驚訝，或許你不明白這項哲理跟金錢或從金錢遊戲徹底解脫有什麼關係。你很快就會知道，這項哲理是徹底解脫流程的關鍵部分，也讓我們準備好，討論對這項哲理加以考證、證實並擴大其潛力，提供人生實際價值的先進科學研究。

有關這項科學研究的文獻多達數千冊，我會在此向你摘要解析。因此，我會說明關鍵概念，若你想深入了解，請參見附錄列出的額外資訊來源。

要玩遊戲，包括人性遊戲和金錢遊戲，我們必須有工具、援助資源和進行遊戲的遊戲場。以棒球爲例。遊戲發明者將構想成形後，在讓人實際進行遊戲前，必須創造球場、球棒、球和手套。

人性遊戲的情況也一樣。談論或思索創造完全體驗電影能製作和體驗的巨大樂園是一回事，實際建造這種樂園並讓樂園順利運作又是另一回事。所以我們現在要討論，我們的樂園（三度空間實境）是如何被創造出來，協助我們進行人性遊戲。

在整個歷史中，人們一直設法搞清楚物質世界是如何架構、如何運作、受到哪些法則管理。爲了解決這些謎題，科學家一直將物質世界分解爲更小的部分，以了解核心要素爲何，及這些要素如何互動。

當科學家愈深入檢視，他們開始發現愈來愈小的粒子，從細胞、分子、原子、質子到電子。不過，科學家研究次原子世界時，也注意到似乎不依據物理學法則作用的更小粒子。這些發現引發一連串的突破，現今稱爲**量子物理學**（quantum physics）。

我開始接觸量子物理學時，一點也不懂那是什麼。我覺得頭好痛，這方面的書籍艱澀難懂，要花很多時間才能讀完。但是我感覺到，其中有我想要的重要拼圖，所以我堅持下去。最後，我開始找到線索，清楚知道重要拼圖就在那裡，等我把這些拼圖收集好。現在，我打算跟你分享這一切。

大衛・包姆（David Bohm）這位科學家是量子物理學界率先突破的前鋒。包姆總結出一種方式，說明科學家在次原子世界看到的奇怪行爲。包姆認爲我們日常生活的有形事實，其實是一個幻覺。包姆認爲潛藏在我們所稱的現實之下，有更深層的存在，是更龐大也更基本層級的現實，讓物質世界的所有物體和外觀得以產生。

麥可・泰波（Michael Talbot）在其著作《全像宇宙投影三部曲》（*The Holographic Universe*）中，對此做出摘要：

> 換句話說，有證據顯示，我們的世界和世上萬物——從雪花、楓樹、流星和旋轉電子——都只是幻影，是超越人類世界、其實是超越時間和空間的現實層面，所呈現的投射。

受到包姆的啓發，許多科學家繼續尋找包姆在此聲稱更深層的秩序。他們最後在這個巨大智能場中發現這項秩序，在科學界通常稱爲**零點場**（Zero Point Field，後續簡稱**能量場**）。

由於具有無限潛能的能力尚未形成任何東西，所以能量場才會存在。不過事實上，從無限潛能中創造出任何東西。當科學家繼續研究能量場，他們發展出一個理論，說明物質世界如何從能量場組合而成。這項理論包括四個要素：

一、能量場。

二、粒子。

三、物質世界。

四、意識。

我已經介紹過能量場和粒子的定義，你也了解物質世界爲何物。至於「意識」就是物理學家說的**能量**（energy），有人稱爲「心智」、「本源」、「梵天」、「上帝」，在人類史和不同文化中有許多其他名稱。意識不是物質，卻是在人類所說「物質界」中萬事萬物背後的創造力量。

現在我們要討論人性遊戲運作模式之目的，所以我打算把意識定義爲「眞正的你」，把你定義爲「無限存有」，也就是先前說的「擴展的自我」。換句話說，**你**就是意識。

依照你目前的信仰，如果你相信上帝或有至高無上力量存在，你可能輕易接受這種說法。不過，你可能需要把這個概念做些微調整，認爲上帝或至高無上力量授予**你**「意識」和能力，進行人性遊戲。這方面並不會有任何衝突或問題，只是看你選擇如何看待。你要理解的是，你所體驗的一切都是由**你的意識**所創造。要從金錢遊戲徹底解脫，絕對要理解這一點。

接下來我要說明這項科學理論。能量場存在於一種無限機率的狀態，意即任何事都有可能，從能量場中可以創造任何東西。不過，當意識以特定意圖專注在能量場中創造某樣東西，這個無限機率狀態就會瓦解成由那個意圖取決的單一機率。以量子物理學的用語來說，就是「瓦解波形」(collapsing the wave form)。

一旦發生這種瓦解，就創造物質世界的幻覺，物質粒子出現在那個幻覺中，以特定方式加以組合，「打造」出預期物體和生物，跟我們在日常生活中互動——及其所顯現的運作法則。由原先在能量場中專注的意識意圖，將整個過程具體化並指導各個步驟。

芭芭拉．杜威在其著作《意識與量子行為》(*Consciousness and Quantum Behavior*)表示：

> 這就彷彿上帝說：「如果我打算變成有形體，就必須把讓物質世界運作的所有法則一併帶去。我要先創造一個微小粒子，透過這個設計，先創造宇宙，然後指揮

宇宙中像重力、磁力、強大力量等所有行爲，因爲一切是我所建造出來的。同時爲了讓我方便行事，我將發明感覺，讓擁有這些感覺者以爲自己看到、摸到、聽到眞實事物，以爲自己看到空間並感受時光流逝。事實上，這一切看似眞實之物只是幻覺。」

簡單講，科學家正在考證，除非你的意識以特定意圖專注於能量場中創造感覺，否則你無法看到任何東西（包括錢在內）、聽到任何東西、感覺任何東西、體驗任何東西（包括財務低潮與高潮）。舉例來說，除非**你的**意識有此意圖要看到本頁內容，所以將各個粒子建構出來，讓你看到本頁內容，否則你是看不到的。這本書本身並非獨立存在或具有任何力量。在整個等式中，只有你具有實質力量，也只有你實際存在。

舉另一個例子說明，除非**你的**意識以創造及逐步架構的意圖，專注在能量場中，讓

重點

深入探討物質世界的任何東西，如果探討得夠深入，最後就接觸到「能量場」。

你看到活存帳戶或帳戶中的任何數字，否則你根本無法看到這些東西。活存帳戶和數字並未獨立存在，本身也不具力量。在等式中，你才是唯一的力量也確實存在。要相信這一點似乎很難嗎？可能吧！然而這是眞的嗎？千眞萬確。耐心聽我說，你就會明白。

量子物理學和意識研究的傑出科學家亞密特・哥斯瓦米博士（Amit Goswami）在電影《我們懂個X!?》（*What the Bleep Do We Know?*）中，談到這個現象：

> 我們都有這種習慣，以爲我們不必付出，周遭的一切就存在了，而且一切並不是依據我們的選擇而存在。你必須摒棄這種想法。
>
> 其實，你必須眞正領悟到，即使我們周遭的世界，包括：椅子、桌子、房間、地毯、時間，這一切什麼也不是，只是意識的運動。而且我時時刻刻在選擇，讓我的實際經驗具體顯現。
>
> 這是你唯一要做的激進思想。但是因爲這個想法如此激進，因爲我們傾向於認爲世界已經在那裡，跟我的經驗無關。

事實卻不是這樣。量子物理學對此一直很清楚，量子物理學共同發現者韋納・海森堡（Werner Heisenberg）說過：「原子什麼也不是，只是傾向。」

所以與其思考事物，你必須思考機率，一切都是意識的機率。

觀察者正創造所觀察到的人事物，而且觀察者與所觀察之人事物密不可分，這項概念就是科學界堅持進行雙盲實驗的原因。爲什麼？因爲科學家知道，如果他們以某項議程或預期結果進行實驗，就會讓實驗結果產生偏差。他們知道「觀察某件事」，這項動作會因爲觀察者而異。

再引述杜威在其著作《意識與量子行爲》中所言：

因果法則可用於追溯意識。我們把「因」擺在「果」之**前**。我們認爲結果是依據循序漸進的過程而得。首先，我們卵子和精子結合爲受精卵，接著細胞分裂，最後形成胎兒。我們說的卵子和精子是所有結果的起因，最終讓嬰兒誕生。不過，以意識的觀點來看，人類的**想法**是這整個過程的**因**。中間的步驟是**人類**的創造及起因想法的「果」。換句話說，意識將因果顚倒了。對意識而言，因就是最終結果。因所產生的**果**則是實際開始。

要繼續探討這個想法，我們先以人體爲例。以科學家的觀點，人體是由原子粒子組成原子，原子組成分子，分子組成細胞，細胞組成器官，器官組成系統，最後由所有系統組成人體。一旦組合後，爲了讓身體發揮功能，各個器官和粒子要執行特定且極爲複雜的工作。不過這一切的眞正來源就是能量場和意識。

花些時間想想此事。要做到這樣，許多粒子必須：

- 以特定方式組合。
- 一旦組合成各式各樣的形狀和形態，就要「緊貼在一起」，才能保持本身的形狀和形態。
- 被教導如何執行本身各式各樣的工作。
- 能互相溝通助長執行工作的績效。

是意識從能量場中創造粒子，「告訴」粒子如何組合、緊貼在一起，並且教導粒子如何執行本身的工作，讓它們在工作時互相溝通。

你去打棒球、籃球、足球、排球、壘球或高爾夫球時，要實際上場打球。但是進行人性遊戲時，你哪裡也不用「去」。你從**你的**意識，創造整個人性遊戲和整個樂園，這就是你進行遊戲的地方。我們在後續章節詳述此事，現在我要先播下種籽，因爲這是眞相，是讓你從金錢遊戲徹底解脫的祕訣。另外，如果你接受我在書末提出的邀請，你就能擁有令人興奮的體驗，因爲意識創造你所體驗的一切，包括金錢及你利用金錢所體驗的一切。

現在，回想第二章和第三章跟大家分享的哲理，依據你現在知道的事重新檢視。在第三章中，我告訴大家，「眞正的你」是擁有無窮能力和創意能力的無限存有。你有沒有發現那個說法與科學家認爲能量場是意識和無限潛能的組合，兩者不謀而合？

我認爲說穿了，人性遊戲就是——探索將你原有的無限能力限制約束「會發生什麼事」。你是否發現那種說法跟將意識專注於能量場中，將無限機率瓦解成單一機率（就是我們說的物質世界——物體和生物），然後讓我們在物質世界裡探索的遊戲，兩者剛好不謀而合？

我認爲要進行人性遊戲，必須創造一個進行遊戲的場所，然後說服自己這個遊戲場是眞的。你是否發現這種說法跟「意識創造物質世界」這項理論，搭配得多麼完美？你已經知道人性遊戲的遊戲場，看起來有多麼眞實。

在下一個章節，我要進一步告訴你，遊戲場及遊戲場中的一切（包括身爲玩家的我們）其實是如何被創造出來的。但是現在還要回顧三個重點，讓你把這三個重點牢記在心。

很難相信**你**可以創造你所體驗的一切，是嗎？就拿夜裡做夢爲例。你躺下閉上眼睛睡著，然後體驗。在那些夢境裡，你的意識創造整個世界——人、場所、事物——而且他們看起來好眞實，其實不然。一切都是虛構的，都是你的意識創造出來的。你做白日夢或運用想像力看見某些經驗時，情況也是這樣。

把這件事想一下。做夢時你似乎看到夢中所見的人，對吧？不過在夢裡，你似乎是

重點

- 意識創造你所體驗的一切，即使最細微事項也是（包括金錢與金錢遊戲的各個層面）。
- 你和擴展的自我**都是**意識，所以**你**正創造你所體驗的一切，即使最細微的事項也是（包括金錢與金錢遊戲的各個層面）。
- 人性遊戲是完全在意識**裡面**進行的遊戲，各個細節都是由「擴展的自我」所設計，為了協助你以你所選的精準方式進行人性遊戲。

旁觀者，看著在夢中的你，對嗎？但是，情況根本不是這樣。這一切景象發生時，**你**在哪裡呢？你**不**只是夢中的你，也是夢中的一切事物。在夢裡跟你互動的所有人、所有事物和所有生物都是**你**。

好好想一想。事實上，如果你今晚做了一個生動逼真的夢，即使你覺得那個夢只有幾分鐘，也請你觀察這個現象。你在夢裡看到的人、事、物和生物（動物、植物、樹木）都好像真的，但是他們其實不在那裡。是**你的**意識創造這一切。

「這一切跟金錢有什麼關係？」這個問題困擾過你嗎？如果有，請耐心聽我說。我答應你，不久後一切都將明朗。只要再收集幾片拼圖，就能弄清楚其中的關係。

想明白意識如何替人性遊戲創造遊戲場的基本事項，了解這些基本事項是「錢**究竟**怎麼來」的金鑰，如何利用這把金鑰開鎖，讓你從金錢遊戲徹底解脫，請翻閱第五章。

5 錢「究竟」怎麼來的

托托，我覺得我們已經不在堪薩斯了。

——電影《綠野仙蹤》（The Wizard of Oz）女主角桃樂絲

要從金錢遊戲徹底解脫，就必須深入了解人性遊戲的遊戲場是如何創造出來的，了解你的「擴展的自我」（意識）如何創造你當玩家時的所有體驗——包括財務平衡及生活中的金錢收入與支出。爲了讓你更深入的了解，我要跟你分享另一個隱喻，這個隱喻就是全像圖（hologram）。

當我努力了解量子物理學，明白從中獲得的拼圖圖片如何組合到日益擴大的模型中，我發現這一切與全像圖的一些關聯。我深入這項研究並調查全像圖的眞實本質時恍然大悟，原來這正是我需要的拼圖圖片。

全像圖是看似眞實的立體物件或景象所產生的影像，是幻覺，而非眞實。進行量子物理學的先進研究及相關研究的許多科學家相信，全像圖是說明物質世界的幻覺如何看似眞實的最適當隱喻。我認同他們的想法。科學家使用這項隱喻時，深入到全像圖的許多面向以支持他們的研究。但是在本章中，我只專注在兩個關鍵面向。如果你想了解這方面的額外資訊，請翻閱本書附錄。

如果你認爲自己的想法就是電影《星際大戰》(*Star War*)、信用卡或其他地方出現的全像圖，那麼你看到的東西雖然具有三度立體外觀和感受，卻不像是眞的。這些例子只是說明全像圖眞實力量的限制。不過，如果你看電影《駭客任務》或《星艦迷航記》，或其他使用「全像體驗艙」(holodeck) 角色的電視節目，你看到利用全像圖可能做到的事。事實上，我在舉辦金錢遊戲徹底解脫的現場活動中，播放《駭客任務》、《星艦迷航記》和其他電視節目與電影的剪輯，讓參與者對全像圖可能做到的事留下強烈的視覺影像。你可以翻閱本書附錄，取得這些影片剪輯的來源清單。

泰波在其著作《全像宇宙投影三部曲》中說到：

史丹佛大學材料科學系主任，同時也支持全像構想的物理學家威廉·提勒 (William Tiller) 也認同這個說法。他認爲現實世界跟電視影集《星艦迷航記——第

> 二代》中的「全像體驗艙」類似。在這系列影集中，全像體驗艙讓乘坐者對想要的任何實境，進行全像模擬，例如：茂密森林或嘈雜都市。乘坐者可以依據自己想要的方式改變各項模擬，例如：變一盞燈出來或讓某張桌子消失。提勒認爲宇宙也是由全體生物的「統合」，創造出的某種全像體驗艙。「我們創造宇宙做爲一項體驗工具，也創造治理宇宙的法則，」提勒聲稱。「而且當我們確切了解此事，其實我們就能改變法則，同時也創造出新的物理學。」

爲了說明全像圖這項隱喻多麼有趣，我打算先依據科學說明，再回來談談較簡單的解說。全像圖是透過一個相當明確的過程所創造出來的。假如你想製作蘋果的全像圖，你必須先讓雷射光照射整顆蘋果。然後由第一道雷射光照射物體反射的第二道雷射光，將其產生的干涉模式（兩道雷射光混合處）拍攝到底片或全像板上，如圖五．一所示。

以這個例子來看，印在底片上的模式會包含有關蘋果的明確資訊——跟蘋果一模一樣的紅色和蘋果皮上的其他細節，還有蘋果的高度、寬度和深度，蘋果梗的大小、長度、位置和顏色，以及蘋果不小心被摔到，在蘋果皮上留下凹痕的大小和位置等諸如此類的事。

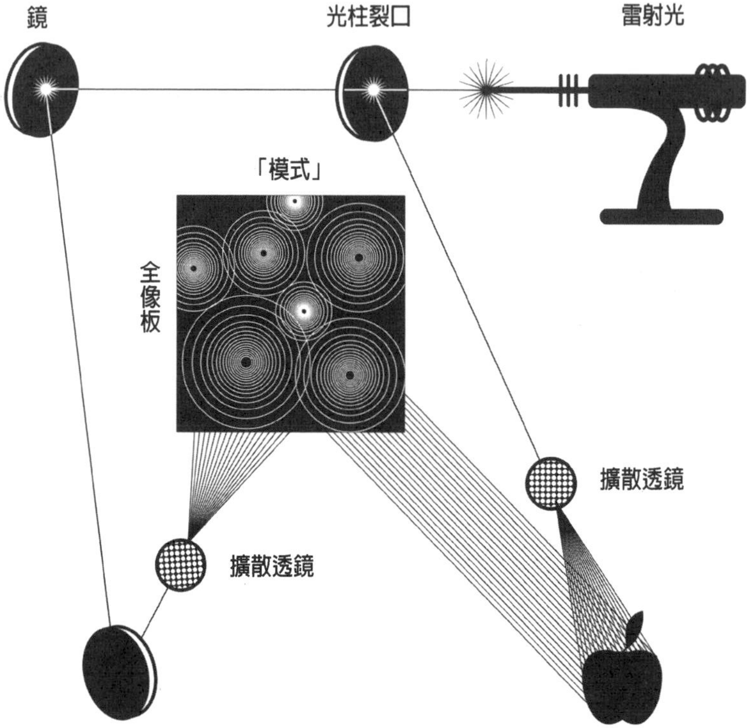

圖五・一　全像「模式」的製作過程

將底片顯像後，看起來就像一些明暗線條組成的漩渦，毫無意義可言。但是只要顯像底片用另一道雷射光激化，就能在空間中出現看起來如假包換的立體蘋果影像，精準地描繪出模式中儲存的所有資訊（圖五・二）。

隨著相當精巧的全像圖的出現，

《駭客任務》或《星艦迷航記》的全像體驗艙、工程師和科學家目前的實驗、好萊塢特效和動畫工作室也都利用全像圖，透過電腦、軟體程式和複雜的數學演算法則，創造全像幻覺。

在全像圖隱喻中要注意的兩項重點是：

一、要創造一個全像圖（也就是某樣實物的**幻覺**），必須先創造包含所欲幻覺所有資訊的**模式**。

二、要實際看到這個全像圖，接著必須把龐大**能量**加諸到模式中，然後才能讓幻覺出現，看起來就像眞的一樣。

換句話說：

模式＋能量＝幻覺

你的意識如何創造物質世界及萬事萬物這個幻覺，並讓這個幻覺像眞的一樣，讓你

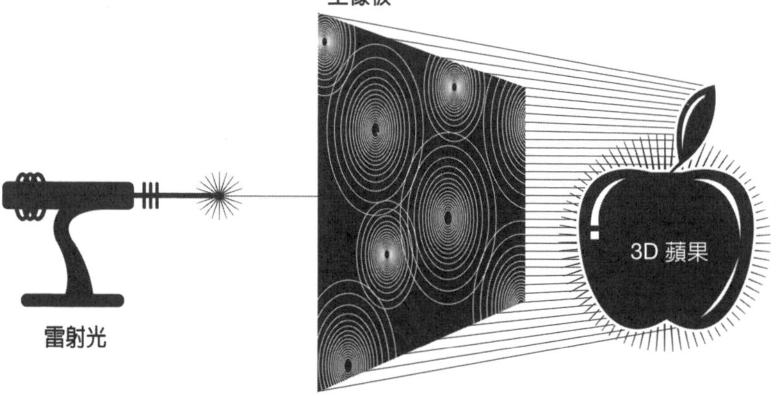

圖五・二　實際全像圖的製作過程

徹底受騙，也允許你進行人性遊戲的第一階段，其實這個模式是由下列要素組合：

- 你的意識帶著「創造某樣東西、讓某樣東西真實呈現在人性遊戲樂園中」這項意圖，抵達有無限可能的能量場。你想創造的東西可能是某人、某個環境、某樣東西、某種動物、植物、活存帳戶明細表、現金等等。接著，你的意識在能量場中創造一個模式。這個模式包含你想真實呈現物體的所有必備細節——包括跟你（人格面具）和你所創造跟你一

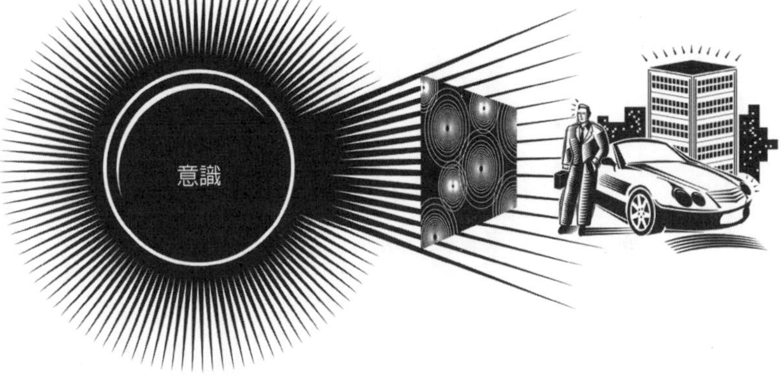

圖五・三　意識如何創造三度空間世界

起進行人性遊戲的其他玩家的所有細節（身材、體型、髮色與長度、個性、「背痛」等等）。在大眾文化中，這些細節模式又稱爲「信念」，這部分稍後再做詳述。

・然後，你的意識把能量（從你本身源源不絕的無窮能力）應用到這個模式上，你想要的全像幻覺就隨之顯現。

・由於這個模式巨細靡遺，利用龐大能量讓幻覺眞實出現，所以看起來如假包換，讓人完全信服。這項概念的說明請見圖五・三所示。

當你從嬰兒逐漸長大成人（一切只是依據這種方式的全像產物和幻覺），能量場（信念）中的模式數目以指數乘方增加，形成相當複雜的遊戲場，也就是你說的現實世界和人生。「擴展的自我」控制模式中會加入什麼，所以也控制全像幻覺中會出現什麼——一切都是由你的人生目的與任務所主導的絕妙計畫，爲了支持你依據自己想要的方式，進行這場人性遊戲。

同前所述，人性遊戲第一階段就是把自己完全融入這個三度空間世界的幻覺中，讓自己信以爲眞。你的意識跟擴展的自我是眞的，能量場也是眞的。擴展的自我在能量場中創造的模式是眞的。但是在人性遊戲第一階段，你在全像圖中看到的其他事物和經驗，只是全像幻覺。現在，你或許能、或許不能接受這種說法。不過，如果你想從金錢遊戲徹底解脫，就必須了解眞相，我會在後續章節告訴你怎麼做。

創造幻覺流程的關鍵之一是，能量場中模式儲存多少細部資訊，這是你身爲無限存有的能量眞正通過的東西。記住，人性遊戲的設計宗旨就是要騙你相信幻覺是眞實。因

重點

跟觀賞電影、戲劇或體育活動不一樣，你並非「觀賞」人性遊戲。擴展的自我同時創造全像圖，也讓你成為人性遊戲中的玩家。

此，儲存在能量場中模式的細部資訊數量，以及其呈現在全像圖所需的能量，是你依照目前觀點無法想像的。

我拿自己最近發生的例子說明此事。在電影《魔戒三部曲》（*The Lord of the Rings*）中，有一個角色名爲咕魯（Gollum）。雖然這部片中所有人類角色都由眞人扮演，但是咕魯主要是電腦合成的角色。在製作最後一集《魔戒第三集：王者再臨》（*Lord of the Rings: The Return of the King*）時，創意團隊設計出一個讓你信以爲眞的人造世界。由於在好幾幕中，咕魯跟其他人一起出現在這個人造世界（看起來就跟眞實世界一樣），創意團隊不希望讓咕魯看起來像假人，因爲這樣的話，幻覺就會破滅，你也會覺得電影不好看。因此，他們需要咕魯看起來就跟眞人一樣。

雖然基本上，咕魯是由電腦製作的產物，但是他的動作和表情都是利用**動作捕捉**

重點

如果全像幻覺中的任何細節失敗或看起來不像真的，幻覺會馬上消失，人性遊戲也隨之結束。因為不容許這種情況發生，所以要投入龐大心血，讓一切看似真實並令人信服。

(Motion Capture）這項技術，請演員直接表演取得。演員的動作直接記錄在立體空間，再轉換到咕魯身上。

好萊塢特效與動畫界在這方面已經有相當大的進展，讓動畫人物、動物、怪獸、生物、場景和物件栩栩如生。有趣的是，談到讓電腦動畫的人栩栩如生這件事，其中最難模仿的挑戰之一就是頭髮，因爲頭髮是相當複雜的產物，有太多層、太多面向。而且人在走動時，有風吹過、頭髮乾或溼時，都會出現很大的改變。因此，模擬頭髮跟眞髮一樣，是目前動畫製作者還無法完全克服且極爲複雜的挑戰。

隨著好萊塢推出每部影片，大多數工作室將投資電影動畫將其發揮到極限，讓故事更好並讓本身與眾不同，吸引觀眾前來觀賞影片。現在，大多數觀眾對視覺都很講究，期望看到嶄新特效——例如：頭髮或讓人信以爲眞的恐龍、大猩猩或超級英雄。

由於特效和動畫專家一心一意要讓咕魯的頭髮跟眞的一樣（即使咕魯沒有多少頭髮），他們跟幾家規模最大的電影工作室合作，花幾個月時間和數百萬美元，最後傑出程式設計師終於設計出能做到這樣的電腦演算法則和軟體。你認爲這件事聽起來很瘋狂或太離譜了嗎？如果是的話，請你記住這樣做攸關利害。如果幻覺破滅，整個計畫也會失敗——也無法拿到幾百萬美元的利潤。

重點

確實完成人性遊戲樂園的幻覺，讓其中所有人、事、物都栩栩如生，這可是一項驚人成就，也正說明我們其實擁有多麼驚人的一面，擁有多麼驚人的能力。

人性遊戲及你所稱爲「現實」的全像幻覺也一樣。除非擴展的自我在能量場中創造一個模式，增加能量產生幻覺——模式中所存之物就是你將看到和體驗之物（包括金錢、銀行存款和財務報表）——否則你根本無法看到或體驗到任何東西。跟好萊塢電影業一樣，意識持續發揮到極限，製作更爲精巧複雜的模式，讓幻覺愈來愈像眞的。

如果你現在看看前方地面的毯子上有一個污點，或是木板上有一道刮痕，這只是能量場中模式細節的結果。那裡根本沒有毯子、沒有污點、沒有木板、沒有刮痕。一切都是虛構的，都是幻覺。但是幻覺必須相當複雜，相當仔細，相當精緻，否則就無法騙倒你。即使再微小的細節不得其所，沒辦法讓你信以爲眞，「遊戲就玩完了」。

但是除此之外，如果你打算在全像圖中創造一個人體幻覺，這個幻覺不但要栩栩如生，還要爲進行人性遊戲提供絕佳原料。舉例來說，你無法創造人體幻覺，但是內部卻是空洞的。人體內必須有某些人們可以透過生物學和醫學，進行研究的東西。所以人體必須以看似由次原子粒子、原子、分子、細胞、器官和系統所組成的方式，創造出來。因此，人體看似具有靜脈、動脈、其他液體、有心臟、腦部等等。

舉另一個例子來說，如果你要在個人全像圖中創造海洋，就不能只創造海洋表面，也必須創造海洋底下的世界，讓人可以潛入海底玩耍及研究（透過游泳、浮潛、潛水和海洋學）。如果你打算在個人全像圖中創造太空，就必須創造太空中出現的東西——恆星、行星、彗星、銀河系和黑洞——這樣人們就能仰望天空，對太空感到讚嘆，進行探索太空，甚至飛越太空（天文學和太空船）。

如果你創造數十億人，他們可不是無緣無故冒出來的，你必須創造情節加以說明並讓他們栩栩如生，而且要讓每位玩家有東西可研究（歷史、演化、考古學）。以此類推，人性遊戲樂園中的所有科學和萬事萬物就是這樣來的。

如同我們的討論，人性遊戲第一階段的目標是在能量場中創造模式，讓全像圖中出現幻覺來限制你——隱藏你的能力、智慧和富足——讓你確信自己跟「**眞正**的你」截然不同。難怪你到目前爲止經歷的許多事——包括跟金錢有關的事——都讓你倍感挫折、困擾、辛苦，總是事與願違。不過，這就是這些模式的設計宗旨，也是整個能量應用之處，是**必須**出現在你個人全像圖中的結果。

對於生活，我們都能想出一長串的抱怨，也能創造讓自己融入其中的全像圖。如果你思考此事，我相信你寧可讓很多事從你的人生中消失，讓其他事出現或增加（例如：財源供給），讓某些事有所改變或在不同方面有所改善。依據設計，身爲人性遊戲第一階段的玩家，我們相當擅長嚴厲評斷全像圖中的萬事萬物，這部分會在第八章和第九章詳述。

然而如你所知，眞相是——我們都是既聰穎又驚人的創作者——你或許會說，我們是精通量子特效的動畫製作人。你在個人全像圖看到的東西，都不是眞的。不管你評斷這是好是壞、是比較好或比較壞，一切都是幻覺，都是虛構，都是鏡花水月。我們其實可以讓鏡花水月看似眞實，這件事根本就是奇蹟。我們其實可以檢視一項奇蹟，評斷它不好、很粗糙、很糟糕、可怕極了、需要改變、修理、改善，或想讓它消失不見，這簡直是奇蹟中的奇蹟。而且，我們其實可以利用自己虛構的事物說服自己，你跟「眞正的你」截然不同，這簡直太神奇了。

你就是創造幻覺的天才。幻像魔術師大衛·考伯菲（David Copperfield）可要當心了！

有件事就算你還沒想過但遲早會想到，所以我想現在就提出來討論。一直以來，科學家研究全像圖，因此，雖然他們認爲全像圖是眞的，其實他們研究的是幻覺。不過在幻覺裡，尤其在量子物理學和相關科學領域中，我們爲自己留下線索尋找眞相，我在本章和前述章節已與你分享這些線索。

在此，我想把此事跟金錢先做一個**簡要**連結，然後在第七章再做詳述。錢爲何物？跟人性遊戲中的其他事物一樣，錢是全像幻覺。錢從哪兒來？跟人性遊戲中的其他事物

重點

- 你＋擴展的自我＝意識。
- 你不只**觀看**整個全像圖，也親自創造全像圖中的一切——包括全像圖中的你。
- 你所體驗的一切，**沒有一樣東西**是眞的。
- 一切都是虛構的。
- 一切都是**你的**意識所創造出來的。
- 擴展的自我可以直接接觸能量場。
- 擴展的自我設計模式。
- 擴展的自我管理能量，將其應用到模式上。
- 擴展的自我依據你決定進行人性遊戲時，選擇的人生目的與任務，控制哪些人、事、物出現在你的全像幻覺。

一樣，錢源自你的意識。在全像圖中，錢**並非**源自於任何人或任何事，只不過你讓自己以爲是這樣。不管你目前或過去的財務狀況如何，不論你現在帳戶中看起來有多少錢，不管你有多少債務，不管你有多少收入和資產淨值，一切都是**你**在能量場中創造的模式，**你**運用龐大能量讓這個幻覺出現在全像圖中。

儘管現在聽到**這種說法**，讓你覺得遙不可及，但它卻能讓你從金錢遊戲徹底解脫。爲什麼？因爲你不久就會知道，在人性遊戲的第二階段，你有機會把第一階段應用到能量場中限制財務模式的能力回收利用，有機會瓦解那些模式，再次體驗你在自然狀態時的無限富足。這是既眞實又可行的事，當我們一起進行這趟旅程時，我會循序漸進地告訴你要怎麼做。

在本章結束前，請記住我在本書〈導論〉說的話：不管你認爲我跟你分享的想法是否合理或「對不對」，你不必照單全收。如果你接受我在第十五章提出的邀請，邁開大步跨入第二階段，你自己就能證明這一切，對我所分享的一切不再有任何質疑。

我不知道對你而言，那些體驗會是什麼模樣，因爲在你的人性遊戲中出現的一切，都是爲你特別設計的。反正你可以用自己想要的方式，到達自己想去的地方。但是這當中會包括一些「奇怪」的事，例如：你到一家店買一件藍色運動衫，看著店員把藍色運動衫放進袋子裡，然後你回家打開袋子，袋子裡面放的卻是粉紅色運動衫。其實，根本沒有任何藍色運動衫，只是能量場中某個模式創造出這個幻覺，要擴展的自我改變模式說「這件運動衫是粉紅色的」，根本是小事一樁。我跟客戶都有許多類似經驗，我會在第十二章跟大家分享許多故事，說明可能發生的事。

要了解在你的全像圖中其他人**究竟**是誰，他們**究竟**如何跟你互動，協助你進行人性遊戲，請繼續翻閱第六章，繼續你從金錢遊戲徹底解脫的旅程。

6 魔鏡啊，魔鏡

我們不可能都是肉販、麵包師傅和製作燭臺者，但是如果你是麵包師傅而我是肉販，我們就可能生活在一起。

——芭芭拉．杜威

每一個人都是整體的一部分，這個整體被我們稱爲「宇宙」，它有著時間和空間的限制。人們體驗著自我，體驗自己的思想和感受，以爲自己和別人是不同的個體，而這卻是個人意識的視覺幻想。

——物理學家愛因斯坦（Albert Einstein）

有些遊戲我們寧可自己玩。但是大多數遊戲，是要跟別的玩家一起玩。人性遊戲的情況也一樣。如果你爲某個遊戲設計一個精巧的遊戲場，但是遊戲場裡只有你、沒有人跟你一起玩，就一點也不好玩，對你也沒有什麼好處，對吧？另外，回想我們在前一章的討論，如果在整個遊樂園中你是唯一的生物，那麼幻覺很難讓人信以爲眞。

因此，要進行人性遊戲，你必須在個人全像圖中創造其他玩家，讓整個幻覺看起來更眞實，協助你進行人性遊戲，並讓整個幻覺愈錯綜複雜，讓你覺得有挑戰、有興趣也開心不已。就像在夢裡，這些「別人」其實跟你無異。他們是**你**的一部分，是**你**的其他面向，是**你的**意識創造出來的。因此我以〈魔鏡啊，魔鏡〉做爲本章章名。

你可以把在個人全像圖中其他人扮演的角色，比喻爲好萊塢電影中的演員。好萊塢演員依照選擇和協議，出現在電影中。他們依照導演的指示進場和出場。如果他們同意扮演某個特定角色，就會拿到劇本，在特定場景說特定的臺詞，做出特定行動，而且言行都依照指示。

在好萊塢電影中，我們把挑大樑的演員稱爲主角，扮演小角色的其他演員稱爲配角，只出現一下子的角色稱爲客串演員。另外還有演員要當路人甲、路人乙，從未跟主要角色說過話，也不會對他們產生影響，這些人就稱爲臨時演員。臨時演員的存在，只是爲了讓整個場景看起來更眞實。

人性遊戲全像圖中完全體驗電影的情況也一樣，而且有趣的是，你在世上「看到」的大多數人，都是臨時演員或只是客串演員。如果你思索此事，即使人性遊戲樂園中看

重點

你可能很難相信，出現在**你的**全像圖中的其他玩家，百分之百是**你的**創作。在**你的全像圖**中，除非擴展的自我透過「劇本」賦予他們能力或獨立決策權，協助你進行人性遊戲的旅程，否則沒有人具有任何能力或獨立決策權。

起來有好幾億人，但是只有極少數人真的跟你互動，會對你產生影響。

在說明從金錢遊戲徹底解脫模型的這項重點時，我常聽到人們這樣質疑與評論：「你是說，我的配偶、小孩、雙親、兄弟姊妹、友人和主管都不是真的？他們只是全像幻覺？不可能！我不接受這種說法，我可不想在心裡貶低他們的價值。」

如果你有過這種想法，讓我先跟你分享下列看法，然後我們再討論此事。首先，不但別人都不是真的。在你的全像圖中，沒有一樣東西是真的。依據我先前對「你」一詞的定義，包括你跟我，我們只是意識所創造全像幻覺的一部分，是意識允許我們進行人性遊戲。

其次，如同我在前一章所述及後續在第八章和第九章會再做詳述，整個人性遊戲是時時刻刻令人敬畏的一個奇蹟，是一項驚人成就，是一個絕妙的創作。在我的模式中，一點也沒有貶低任何人或任何事物的跡象，一點也不是那樣。

再者，如果你選擇進行第二階段，採取我在本書最後章節提出的行動步驟，我可以保證，透過你在進行人性遊戲時創造其他玩家，**跟其他玩家**一起體驗第二階段，你就能親自證實這些構想，將你的疑慮一掃而空。

當我分享這些概念時，大家不免想到我怎麼可能創造你，而你怎麼能同時創造我，或是你怎麼可能創造自己的配偶，對方怎麼可能同時創造你，也質疑子女、主管、父母、兄弟姊妹如何互相創造等類似問題。在我們繼續討論前，現在我要把一項重點說清楚。在量子物理學中有一個概念稱爲**糾纏體系**（tangled hierarchy），意味著如果你設法從邏輯或分析觀點，解決特定謎題，結果就會陷入無止境的循環裡毫無進展。

舉例來說，假如我跟你說：「所有作家都是騙子。」我是說實話或是說謊？若你想辦法用邏輯解答這個問題，就會陷入困境。如果我說所有作家都是騙子，身爲作家的我一定在說謊。如果我在說謊，「所有作家都是騙子」就不是眞的，那麼「所有作家應該都說實話」。但是，當我說「所有作家都是騙子」時，我又在說謊。所以因爲作家可以說謊，那麼作家並非都說實話，於是你就陷入永無止境的循環裡。脫離這種循環的唯一方法，就是從中徹底跳脫。

要弄清楚別人的全像圖中發生的事，或自己在別人的全像圖中扮演的角色，一樣會發生這種狀況。你無法以邏輯解答這些問題。想辦法弄清楚這件事，也會創造永無止境的循環，讓你毫無進展。爲了在此跟你分享這項模式，協助你從金錢遊戲徹底解脫，你必須時時刻刻專注在自己身上。這是**你的**全像圖，**你的**完全體驗，是**你**在三度空間樂園中玩的遊戲，是**你的**意識所創作出來的。

我再重複一項重點，確定你了解我的意思：在你的全像圖中，其他人只是依照你的指示說話行動的演員。在你的全像圖中，其他人沒有任何能力，也無法獨立存在，或有獨立決策權。在你的全像圖中，他們百分之百是**你的**創作，所以你只要關心自己的全像圖，**別人的**全像圖跟你無關。如果你想對此有多一點了解，我爲你準備了一個很特別的禮物，那是我針對這個主題所做簡短演說的錄音檔。只要到我的網站點選檔案播放或下載即可，網址是：http://www.bustingloose.com/thedream.html。

順便告訴你，因爲全像圖的一切都是你的意識所創造出來的，所以在全像圖中，你絕對安全也受到保護。別人絕對無法闖入你的全像圖，無法傷害你（或你關心的人）。在全像圖中，看起來好像有人傷害你，那只是因爲你在能量場中以那些細節創造一個模式，你運用能量讓這個幻覺出現在你的全像圖中，讓自己信以爲眞。不論你從第一階段身爲

重點

在**你的**全像圖中，除了你，誰也沒有力量——任何人、任何事都沒有能力。在**你的**全像圖中，**你**擁有所有的力量。

人格面具和個人完全體驗電影明星的受限觀點來看，對此有何評斷，你這麼做的唯一原因是，這項體驗能提供你進行人性遊戲的適當協助。

在你的全像圖中出現的其他人，都是由你擴展的自我在能量場中創造一個模式，提供能量讓這些幻覺出現。記住，不是**由你**依照這種方式創造的**東西**，就無法出現在你的全像圖中，無法讓你看到或體驗到。在能量場中跟其他人有關的所有模式，都是你所創造的，他們可以在你的全像圖中扮演下列三種角色：

一、反映你對自己或自我信念的想法或感受。

二、跟你分享有支持作用的知識、智慧或見解。

三、讓某些事發生，在你的人生旅途中給你支持。

現在，我們逐項檢視這三種可能性。

反映

杜威在其著作《如你所信》（*As You Believe*）中提到：

分離這個幻覺不但象徵我們的自我懷疑和疏離，也讓我們有機會把各種對立產生的內在痛苦表現出來，進而加以克服。我們從別人身上看見自己；我們憎恨別人的某些作爲，正是我們憎恨自己的作爲；別人有讓我們喜愛之處，也正是我們喜愛自己之處。我們跟別人競爭，因爲我們正在跟自己競爭。我們獎懲別人，也獎懲自己。分離的幻覺讓我們有機會解決，內在實質整合狀態全然的愛受到的壓抑。沒有這項幻覺及對他人的回應，我們絕不可能知道有這些壓力存在。

請注意，杜威用到自我懷疑、疏離、痛苦、憎恨、懲罰和壓抑這些字眼。你瞧，這一切不就跟第一階段的目標完全符合，要創造自我設限的幻覺，讓你相信你跟「眞正的你」截然不同？

如同杜威所言，你把許多人放到你的全像圖中，反映你對自己的想法或感受，在人生旅途中給你支持（在人性遊戲第二階段的重要性更高，後續章節再做詳述），或展現有關某項幻覺的信念。舉例來說，如果你相信自己必須經常服用維生素和運動，才能保持健康，那麼你就會在全像圖中，擺進一些時常服用維生素和運動的人，把這項信念反映給你。

如果你相信細菌論（germ theory），認爲人類之間相互傳染疾病，所以你會染上感冒或流行性感冒。這樣的話，你就會在你的全像圖中，擺一些看似生病的人，你或家族成員就會因爲跟他們接觸而生病，向你反映這項信念。當你有小孩就學時，這是相當普及的信念和想法。

如果你認爲「自己在職場上總是不受重視，也未領到應得的薪資」，或者「親朋好友跟你借錢卻不還錢」，或是「別人總是利用各種機會敲竹槓和欺騙你」，你就會在全像圖中設計一些演員，證明並提供證據表示這些信念是眞的。

舉另一個例子來說，如果你在全像圖中設計一些人，卑劣地對待你或忽視你（當我年紀較輕，完全融入第一階段時就是這樣），這只是設法表達你卑劣地對待自己或忽視自己。

有一段時間，我對世界充滿憤恨，我對周遭的每個人都惡言相向。我在自己的全像圖中設計一隻狗，用這種激烈程度向別人狂吠，叫聲之大，讓我認爲這隻狗可能會內臟破裂或心臟病突發。當我通過那個階段，這隻狗突然過世了。

這方面的例子多得不勝枚舉。從我個人生活的經驗，以及我跟全球各地客戶共事的經驗，「反映」可能相當微妙又複雜，跟人性遊戲的本質一樣。我們會在後續章節再做詳述。

知識、智慧與見解

要玩人性遊戲，有時候就要給自己一些特定知識、智慧和見解，支持你繼續進行這場遊戲。因此，你會在自己的全像圖中，設計一些老師、講者、專家、朋友、同事和陌生人直接教導你，或透過你設計的書籍、報章雜誌、錄音帶或影片指點你。

身爲無限存有，你能取得所有知識、智慧和見解，但是在進行人性遊戲時，你可以設計好，讓知識、智慧和見解**看起來**好像是由別人教導給你的。其實你只是在能量場中設計一些模式，提供能量讓這項模式在全像圖中製造幻覺——就像你設計自己看到這本書一樣。

讓某些事發生

我在第二章以棒球爲例，說明如何設計人性遊戲，讓你探討「如果……會發生什麼事」的情境，這樣當變數改變時，你就能有趣地探查可能性，觀察一切事物如何隨之改變。

因此，你經常在自己的全像圖中設計一些人發生一些事，支持你依照自己想要的方式進行人性遊戲。比方說，你可能在全像圖中創造某個人給你一份工作或把你開除，在生意上跟你簽訂契約讓你獲利豐厚，爲你引見有力人士，提供你投資情報，借錢給你，說或做某些事冒犯你或讓你不舒服，開超速罰單給你，或闖紅燈撞上你的車。不論是哪種狀況，這些人都爲你敞開大門推你進去，在你完全體驗電影中發動一些強有力的事件，支持你以自己想要的方式進行人性遊戲。

如果你接受本書結尾時的邀請，並且選擇進行第二階段的遊戲，你就會在自己的全像圖中創造許多人，支持你從能量場中第一階段受限模式中要回能力，並協助你從金錢遊戲徹底解脫。這就是你創造我在這裡協助你這樣做的原因。

現在，你已經讀完我說的基礎部分，也幾乎準備好要進入實際部分。不過在此之前，我們必須從你已大幅擴展的觀點，重新檢視金錢遊戲，請繼續翻閱第七章。

7 打開你的透視力

沒有人能想像出所有奇蹟，世上有很多奇蹟是看不見也無法看見的。

——《紐約太陽報》（New York Sun）編輯法蘭西斯・邱契（Francis P. Church, 1839—1906）回應小讀者維吉尼亞・歐哈倫（Virginia O'Hanlon）的問題：世上真的有聖誕老人嗎？

唯有能見人所不能見者，才能做到不可能做到的事。

——法蘭克・蓋恩斯（Frank Gaines）

我是看超人漫畫長大的，超人有透視能力，讓他能看到別人無法看到的東西。現在你知道人性遊戲、能量場、意識、全像圖和顯現機制，你就能利用自己的透視力。現在，你有能力看到別人無法看到的東西。該是你徹底覺悟的時候，運用透視力來強化這項技能。如果你繼續跟我一起進行這項旅程，接受我的邀請，邁開大步跨入第二階段，你的透視力就會愈來愈強，愈有穿透性。

不過我必須警告你，以透視力看待金錢遊戲，會讓你感到很困惑。我在〈導論〉提過，有時候你會覺得沒有目標、生氣，或好像被木板直接打到臉。你很有可能會這麼想：

- 「他瘋了嗎？」
- 「他是在開玩笑！」
- 「我買這本書時並沒想到內容會是這樣！」
- 「絕對不是這樣！」
- 「胡說八道！」

這是意料中的事。但是，在我可以幫你裝上讓你能以新電力經營人生的新電路之前，必須先破壞你的舊電路。所以請準備好迎接現狀的重大挑戰，也請你明白如果想開啓讓你從金錢遊戲徹底解脫、通往新世界的入口，就必須這樣做。

也請你注意，從現在開始，本書後續內文是要協助你運用本身的透視力，並提醒你在第一階段時，這項能力受到限制約束並被幻覺所隱藏。我會以粗體字強調特定字眼。

金錢遊戲是一項傑作——是名副其實的天才之作。是由人性遊戲第一階段的一項根本理念創造出來，目的是爲了限制你、約束你。徹底明白這是多麼絕妙的創作，對你是很重要的事。所以，我們先利用你的透視力，檢視金錢遊戲的核心規則。在第一章中，我們討論到金錢遊戲的三大規則：

一、財源供給有限。
二、金錢**流通**。
三、爲了增加個人財源，你必須更努力或更聰明地工作。

現在我們用透視力，重新檢視這三項規則。

財源供給有限

依據你目前所知，這是眞的嗎？

不是！

錢究竟打哪兒來？是能量場中有某個模式包含有關金錢的明確細節。如果這些細節詳述個人、企業、州或國家的金錢數量多寡，在全像圖中就會看到並體驗到這些事。如果模式中包含的細節改變了，我們看到和體驗到的事也跟著改變。

你可以在能量場中插入的模式數目或細節有任何限制嗎？

沒有！

你用能量將這些模式變成全像圖中的真實幻覺，這股能量的大小會受到任何限制嗎？

不會！

那麼，從上述事項獲得的合理結論為何？其實，你和世界擁有的財源供給是沒有限制的。

金錢流通

摘要這項規則細項的幾項重點：

- 在你的人生中，金錢會流進和流出。
- 金錢就**在那裡**，你必須去拿到錢，讓錢進入你的生活中。
- 你花錢時，錢就從你這裡移動到別人那裡，然後你的錢就變少了。

・你有收入和支出，你必須管理這兩者的變動，才能讓收入超過支出，這樣做才有獲利可言。

・如果你想提高生活品質，就必須增加**獲利**。

現在我們再次啓動你的透視力，如果意識和能量場是金錢的實際來源，全像圖不是金錢的來源，那麼金錢眞的會流動、移動或去哪裡嗎？

不會！

你在你的全像圖中，創造金錢移動的幻覺，但這不是眞的。你只是讓自己相信，金錢眞的會移動。

「在那裡」眞的有任何東西，讓你可以去「拿到」錢，讓錢進入你的人生嗎？

沒有！

人性遊戲是完全由意識設計並進行的遊戲。

你花錢時，你的錢眞的變少了，別人、別家公司或別的實體的錢眞的變多了嗎？

沒有！

眞正發生的事只是能量場中某個模式的一些細節改變了。

收入是眞的嗎？**支出**是眞的嗎？**獲利**是眞的嗎？如果你想改善生活品質，眞的必須增加獲利嗎？

答案都是否定的！

金錢遊戲第二項規則所述都不是眞的。你可以創造金錢流通、獲利和損失的幻覺，並讓自己信以爲眞（這可是一項傑作）。

你想想看，在電影中，金錢眞的「移動」嗎？如果在電影裡，某人賺了一百萬美元或賠掉一百萬美元，年薪高達十五萬美元，或是他中了彩券，繼承大筆遺產，這是眞正發生的事嗎？不是。一切只是幻覺，就跟你的全像圖中金錢移動的幻覺一樣。

爲了增加個人財源，你必須更努力或更聰明地工作

摘要這項規則細項的幾項重點：

- 人生中無法想要什麼就有什麼。
- 萬事萬物都要**花錢**。
- 想要的每樣東西，都會讓你**付出代價**。

・你必須爲錢而**努力**。
・你必須**賺錢**。
・有些人有賺錢技能，有些人没有。你必須很會賺錢，否則錢永遠不夠。
・天底下没有白吃的午餐。
・你無法不勞而獲。

如果金錢幻覺源自於能量場中的某個模式，而你有能力創造任何模式，把能量應用到任何模式，讓幻覺出現在全像圖中看似眞實。那麼，你可以想要什麼就**有**什麼嗎？

當然可以！你可以想要什麼就有什麼。唯一的限制是自我設限，因爲你必須設計出符合個人任務和人生目標的體驗。

如果你周遭看到的一切——你能**買**、**租或擁有**的一切——只是由你從放在能量場中的模式，運用能量產生全像幻覺，那麼眞的有任何東西需要你**花錢**嗎？眞的有任何東西必須**付出代價**？爲了賺錢，你必須讓自己更**有價值**？必須爲錢而**努力**（不管是聰明或愚笨地）或**賺到**錢嗎？

不用！

你可以創造自己必須這樣做的幻覺，就是那樣罷了。一切只是鏡花水月，只是幻覺。

既然所有錢都來自你和能量場中的模式，既然全像圖中錢似乎可以移動或出現，這項幻覺來自模式細節。那麼有些人有賺錢技能，有些人沒有，而且你必須精通賺錢技能，這是眞的嗎？

不是！

你可以創造必須精通特定賺錢技能或必須**賺錢**的幻覺——例如：房地產、股票交易或經營企業——不然你也可以選擇爲了樂趣而精通某項技能，但是這是規則或絕對必需的嗎？

不是、不是、不是！

我在第一章跟大家分享源自這三大規則、跟金錢和金錢遊戲有關的共同信念：

・金錢是一切邪惡的根源。
・金錢是污穢或不好的——擁有金錢者亦然。
・有錢人愈來愈有錢，窮人愈來愈窮。
・錢永遠都不夠。

- 你必須控制金錢，否則金錢就會控制你。
- 錢總是愈多愈好。
- 錢得來不易。
- 有些人有賺錢技能，有些人沒有。
- 人不可能既懂得賺錢**又**高尚。
- 資產淨值就是財富與成功的實質評量。
- 你必須未雨綢繆。

現在你知道，上述任何一項信念是眞的嗎？有任何一項信念接近讓事情確實運作的眞相嗎？

沒有！

這方面的實例多到不勝枚舉，現在讓我先問你這個問題：你知道這三大規則及其衍生的共同信念，如何巧妙地限制你、約束你和貶低你嗎？你知道它們跟「**眞正的**你」這個事實相去甚遠？你知道它們跟事情**實際**運作眞相相去甚遠嗎？你知道這是支持人性遊戲第一階段目標的巧妙策略——就是讓你相信，自己能力有限，跟「眞正的你」恰好相

> **重點**
>
> 第二階段中的一切就跟第一階段恰好相反。

反？

回答上述問題時，如果你並不完全相信我在前述章節跟你分享的哲理，那麼請你只從科學觀點做考量。如果你只從量子物理學的觀點，考量這些問題，還是能明白金錢遊戲的基本規則和結構，違反事情實際運作的「眞相」。

眞相是，天底下**有**白吃的午餐。你**可以**不勞而獲。爲了增加財源，你**不必**增加價值、更努力或更聰明地工作。爲了賺更多錢，你**不必**努力升遷。

記住，費用支出不存在，收入不存在，獲利不存在。帳單、發票、應收帳款、應付帳款都不存在。一切只是由擴展的自我從能量場中模式創造出的全像幻覺。你的活存帳戶和其他財務帳戶都不存在，這些帳戶裡的數字也不存在。這些錢是怎麼進到這些帳戶的，這些情節也不存在。一切只是全像幻覺。

因此，你的財源無虞，你不會把錢「用完」，不會「虧錢」，不必爲了創造錢或讓自

重點

・金錢並非來自全像圖，而是來自**你**和能量場。
・全像圖中沒有力量，一切都源自於你，你擁有全部的力量。
・數字是為了提供你體驗限制而特別設計的，這就是數字的實際目的。

己有更多錢而做任何事（如果你認爲這樣做很有趣，還是可以這麼做）。你不必審愼管理金錢。爲什麼？因爲「那裡」什麼東西也沒有，根本不需要管理（不過如果你認爲這樣做很有趣，你還是可以創造某樣東西並加以管理）。

債務並不存在。這個概念完全是虛構的——跟資產淨值一樣。根本沒有任何資產需要管理或保護。身爲個人全像圖一切事物的創造者，當你花錢時，只是把錢付給自己，因爲錢根本沒有跑到其他地方。當你花錢時，你的金錢供給**不會**減少。不過如果配合第二階段這麼做，金錢確實會增加（你會在第九章了解這一點）。只不過在第一階段中，任何事情看似眞實，只因爲你接受全像幻覺是眞的。

眞正的你就是「富足」，這是你的自然狀態。記住量子物理學怎麼說：

重點

就是富足！

能量場＝無限能力和無限可能性。

金錢**很容易**就創造出來——**任何數量**、看似從**任何來源**——只要在能量場中創造一個模式，提供模式能量，讓它出現在全像圖中。貧、富、奮鬥、安逸是源自能量場中不同模式的**全像創作**，而且這些創作並無差別，是花同樣的能量和努力創造出來的。

另外，請考慮下列事項（細節將在第十章詳述）：

- 在個人全像圖中，更多錢未必是好事。
- 在個人全像圖中，更少錢未必是壞事。
- 你在什麼時候有多少錢都是經過設計的，是給予你適當支持，讓你依照自己想要的方式進行人性遊戲。

重點是：你已經擁有你所想要或需要的所有金錢和「東西」。

那些錢和東西已經是你的了！

事實上，你擁有力量與能力，在個人全像圖中創造任何數量的金錢，讓你以為你賺到錢或以任何方式讓錢出現。你以往體驗到的限制和你目前體驗的束縛，都源自於擴展的自我在能量場中創造的限定模式。就是這樣。這樣說並沒有提到「眞正的你」和「除了你一直能欺騙自己，其實你究竟還能做什麼」。

眞正驚人的是，你可以：

・從那些限制模式中取回你的能力，並且瓦解限制模式。

重點

不管你選擇如何評斷、分類或描述這個幻覺，在全像圖中創造**任何**幻覺，所花的能量和努力都是一樣的。

・獲得無限富足並且充分享有無限富足。

・從金錢遊戲徹底解脫——完全解脫、而且永遠解脫。

我會在後續章節告訴你怎麼做！

在第一章中，我說明你「贏不了」金錢遊戲。在我們繼續討論前，先利用你的透視力重新檢視這個想法。現在你知道，眞正的你是從無限富足爲起點，那是你的自然狀態。金錢遊戲是爲了讓你有恰好相反的體驗所創造的——讓你體驗限制和束縛。因此，只要你繼續從第一階段的觀點進行金錢遊戲，你一定仍會在某方面體驗到某種形式的限制和束縛。

另外，請仔細聽好，不管你在全像圖中累積多少錢，這都不是眞的。這是全像幻覺。跟你眞正「擁有」的金錢相比，這些錢根本微不足道，而且還是短暫並容易受到攻擊和損失，身爲金錢遊戲的玩家，你還是必須付出代價。所以，你眞正想要下面哪一項：

一、短暫且爲限制束縛你而設計的假富足狀態——不管你看起來獲得多少錢？

二、無限富足的自然狀態——金錢和自由的供給都不受限制？

我選擇第二項，也做出承諾，不管怎樣都要敞開心胸接受眞正的我，接受我無限富足的自然狀態。這就是後來帶領我從金錢遊戲徹底解脫的哲理。

現在，你已經準備好，發現從金錢遊戲徹底解脫的實際步驟。翻閱第八章，你就向金錢遊戲徹底解脫邁進一大步。

8 世紀尋寶

每個人的內在都有一個沉睡的巨人。當巨人醒來，奇蹟就會發生。

——美國作家菲特列克・浮士德（Frederick Faust, 1892—1994）

我在前一章說到，你已經擁有你想要的錢和「東西」，讓你從能量場中有限模式要回自己的能力，充分開發自己無限富足的自然狀態。我這樣說，或許讓你很訝異。不過我說的是事實，在後續兩章我會告訴你實際上怎麼做。

一切就從轉移焦點開始。在我跟你分享的模式中，你進行人性遊戲體驗到的一切都具有三項要素（圖八・一）：

一、創造者（意識＝擴展的自我）。

二、創造過程（能量場中的模式與能量）。

圖八・一　創造的三個領域

三、創作（你在全像圖中看見及體驗的一切：人、場所、事物、身體等等）。

如果你跟我和大多數我認識的人一樣，依據設計，大家都只專注在自己的創作。你讓自己相信那些創作是眞的，你賦予他們力量，讓他們彷彿是眞的，因此也擁有力量。你從不知道**你的**意識就是創造者，創造你所體驗的**一切**，而且你對這個創作過程視若無睹。

如果你研究過顯現技術、吸引力法則或「意念創造現實」的形而上思想，你可能不同意我的說法。不過如同我在第二章所述，那些學說和技術屬於第一階段，爲了讓你受到限制，無法取得自己原有的能力，所以必須受到曲解、本身不夠完備或受到蓄意破壞。現在，你要運用第二階段沒有任何限制的學說。

要從金錢遊戲徹底解脫，你必須先將焦點從「自己的創作」，轉移到「創造過程」及「自己就是創造者」，**如圖八・一所示的模式關係**。當你這樣做，就能取回自己的能力，充分開發自己無限富足的自然狀態。

我們先檢視你身爲創造者的角色，你在人性遊戲中所體驗的一切，都是你自己創造的。你是擁有無限能力的實體。在自然狀態下，你是無限富足、無限喜悅、擁有無條件的愛，對於你創造及體驗的每個人和每樣東西都充滿無限感謝。當你體驗到**別的事**，你知道：

- 那是擴展的自我應用龐大能量到能量場中模式創造出來的。
- 那是全像幻覺。
- 你可以從幻覺中要求能力並瓦解幻覺。

你如何取回能力

爲了說明你如何取回能力，我以尋找復活節彩蛋做比喻。我的友人戴維斯夫婦（Nicol and Trip Davis）每年都會辦一場尋找復活節彩蛋的活動。他們邀請城裡幾十個小朋友參加。他們將幾百個裝有玩具和糖果的塑膠彩蛋，藏在他們家裡。綠燈一亮，小朋友就開始尋找彩蛋，大家開心地跑來跑去，四處尋找彩蛋。找到彩蛋時，他們把蛋打開，把糖果或玩具拿出來，因爲自己這麼好運而開心極了。然後，他們把糖果擺到旁邊，繼續尋找彩蛋。

從你在人性遊戲第一階段能量場中放置的限制模式中取回能力，情況也是這樣。

在人性遊戲第二階段中，擴展的自我帶領你進行一場相當特別的尋找彩蛋活動，我把這個活動稱爲**世紀尋寶**，把你在第一階段爲了自我設限，在能量場中投入龐大能力的彩蛋找出來。然後，你打開這些彩蛋，從中取回能力（就像小朋友從蛋中拿回糖果或玩具），蛋中的模式就此瓦解，原本你在個人全像圖中體驗到的限制束縛也跟著瓦解。最後，你就能開發自己無限富足的自然狀態。

在第二章裡，我用太陽和雲朵做比喻，說明你其實是擁有無限能力、具有無窮智慧、擁有無限富足的實體，就如同太陽一樣。然後，你創造一套複雜的幻覺，讓你相信你跟「眞正的你」截然不同。我把這些幻覺比喻成雲朵，這些雲朵擋在太陽前面，讓你以爲太陽不見了，只有雲朵存在。在第二階段，你只要撥雲見日，眞正的你就出現了——太

重點

你不必「創造」財務富足，因為它已經在那裡了，一直是那樣，只是你把它藏起來。在第二階段，你只是重新發現並且充分利用。

陽永遠都照耀著——陽光當然會普照到你的體驗中。

要了解如何從彩蛋中取得能力及撥雲見日，我們先進一步檢視能量場中的彩蛋是如何創造出來的。在你能從彩蛋中取得能力，從金錢遊戲徹底解脫前，你必須徹底了解能量場中的彩蛋裡面有什麼東西。我在本章會說明此事，但是等我們在後續章節討論到如何日復一日地進行人性遊戲第二階段，你才會完全理解知道這項說明有多麼重要。

在第五章，我們討論過好萊塢電影和特效，以及好萊塢電影製作人爲了讓其所創造的幻覺既眞實又有說服力，花費多少心思——不管這些伎倆必須多麼精巧複雜。我們也討論過，源自於能量場中模式的人性遊戲幻覺，必須極其複雜又徹底讓人信服，否則遊戲就玩完了。我們在能量場中創造的複雜模式，是以自我成長及心理學著述說的「信念」爲基礎。信念是我們虛構並信以爲眞的構想或概念。如你所見，金錢遊戲是我們虛構信念的巨大集合，然後投入龐大能量讓我們信以爲眞。

不過，只是接受某項構想或概念是眞的，並依此創造一個信念，這樣做不足以讓其看似絕對眞實並在個人全像圖中持續存在。舉例來說，假如你在能量場中創造一個模式，提供能量讓模式創造出這個幻覺——你的活存帳戶中有五百美元，你的帳單應繳金額爲七百五十美元。因此，你創造出這個信念——「我的活存帳戶裡有五百美元，帳單應繳金額爲七百五十美元」。不過，光是這個信念並沒有太多穩定性或持久力。你可以輕易忘掉這個帳戶或帳戶中有五百美元，或是帳單應繳金額爲七百五十美元，過一段時間後，你也可能忘了查看這些數字有何變化。因此，你不能只在能量場中創造一個模式，賦予模式一些力量，就能在全像圖中產生幻覺，期望這個幻覺能欺騙你並持續發揮作用。你必須強化模式，保存模式中的能量，讓全像幻覺持續更新。這就是評斷的作用，評斷就是把信念「固定」在個人全像圖的黏膠。

舉例來說，假設你創造這項信念——你的活存帳戶中有五百美元，帳單應繳金額爲七百五十美元。然後，你不但創造這個信念還跟自己說：「我沒辦法付清帳單，那可真糟糕，我不喜歡那樣。」當你這樣評斷時，**其實**你在說什麼？

這是眞的。

當你說「我不喜歡那樣」或「那可眞糟糕」或「我希望它消失」或「我想改變它」，你就在評斷某項創作不好。或者在某些情況下，你說「我喜歡那樣」或「那個東西我想要更多」，做出有建設性的評斷，其實不管你怎麼判斷和描述經驗，你強化幻覺是眞的，你讓你的能量留在幻覺中（或是把更多能量投入其中），所以幻覺就繼續存在你的全像圖裡。在能量場中創造一個模式時，模式裡包含跟信念評價有關的細節。在人性遊戲第一階段的旅途中，我相信你一定在某方面聽過評斷並不是什麼有益的事。沒錯，但是現在你知道眞正的原因了。

然而，評斷也未必能讓幻覺固定在你的全像圖中。爲什麼？因爲在許多情況下，評斷並無說服力，沒辦法有足夠的黏性讓幻覺「固定」在全像圖中。因此，你必須創造「結果」來增強黏性，進一步強化能量場中的模式。以先前提到的例子來說，如果帳單晚一點再繳會發生什麼事？你要繳交**逾期繳費罰款**。如果你一點錢也不繳呢？**催收帳款公司**就會找上門。如果你的支票**跳票**呢？銀行會因爲你的存款不足，要你**繳交罰金**，情況嚴重時，就會關閉你的帳戶，將你列爲拒絕往來戶，這是很**糟糕**的事。

接著我們來檢視剛好相反的情況。假設你創造這個信念——你的活存帳戶有五萬美元，你檢查帳戶餘額並說：「那太好了，我覺得很棒。」做出評斷。你後來創造的結果是，覺得自己很有錢，可以想買什麼就買什麼，或是做許多事讓自己開心。

藉由應用個人透視力檢視這些情境，究竟結果有什麼重要？結果把更多細節增加到能量場中的模式裡，進一步強化幻覺，讓你以爲活存帳戶、帳單、債權人、銀行、催收帳款公司和你能買或能做的事都是眞的。就像製作電影《魔戒》時，額外付出心思讓咕嚕的頭髮和動作變得栩栩如生。你知道這整個過程是多麼巧妙、卓越和有效嗎？

我們會在能量場中的模式裡，增加一些「不利的」結果，讓幻覺變得更真實：

- 坐牢。
- 小朋友被「罰站」或青少年被「禁足」。
- 被學校開除。
- 失去特權或地位。
- 受傷。
- 死亡。

我們也會在能量場中的模式裡，增加一些「有利的」結果，讓幻覺變得更真實：

- 財務獎勵。
- 驕傲或自信等感受。
- 工作升遷。
- 受歡迎。

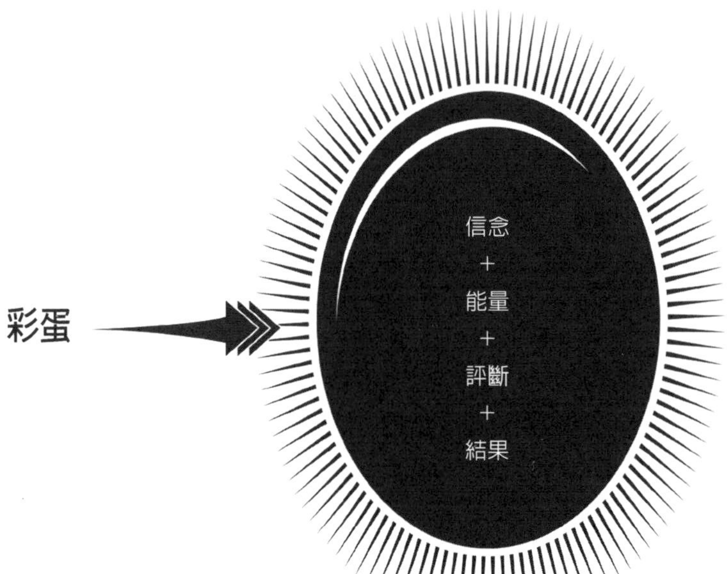

圖八·二　彩蛋（模式）是如何創造的

·效率和生產力。

·名聲。

既然你在進行人性遊戲時，創造自己的遊戲場和規則，你也創造自己的結果——**獎勵與懲罰**——強化自己創造的幻覺。然後，你把那些獎勵和懲罰放進能量場中的模式裡，並提供力量給它們，藉此獎懲自己。

圖八·二所示，即爲在個人全像圖中創造一再出現的幻覺，並讓人信以爲眞的創造彩蛋（模式）過程。

重點

在你的全像圖裡，沒有「真」、「假」之分。

創造信念、評斷信念、增加結果，然後應用龐大能量讓模式在全像圖產生幻覺，讓人信以爲眞，就是這個創造循環讓你陷入人性遊戲第一階段的限制束縛。你在個人全像圖中看到和體驗到的一切，都是這個創作過程的產物。另一件值得一提的有趣事是，一旦以這種方式強化既有模式，以往出現過的體驗就再度出現在全像圖中，你再次看到這項體驗出現時，就會告訴自己：「你看，這是眞的！」而且，這個有力佐證會讓你更深陷在自己的全像圖中。

在你的全像圖中，**一切**都是假的；**一切**都只是一個信念。

這也說明了爲什麼正面思考、用肯定話語加強信心和其他時下流行的自我成長策略與技術，無法持續奏效。你可以整天都有積極想法，想像事情會好轉並肯定自我，但是如果擴展的自我沒有在能量場中創造符合這些想法的模式，也沒有提供龐大能量，就無法讓模式在全像圖中產生幻覺。不管你想多少次，在腦海裡想像結果顯現多少次，用肯

重點

在全像圖中，沒有力量可言。所有力量都源自於你，也都儲存在能量場中的模式裡面，那是全像圖中一切事物的實際來源——包括身為人格面具的你或完全體驗電影中的主角。

定話語對自己說或聆聽自我成長錄音帶多少遍，或是身爲人格面具的你多麼信以爲眞，根本就無關緊要。如果能量場中模式並沒有產生相關改變，一切根本毫無效果可言。相反地，如果你從模式中拿走力量，模式瓦解了，在全像圖中產生的幻覺也隨之消失。

你看過建築物被摧毀的影片？整個結構在幾秒鐘或幾分鐘內倒塌。當初興建一幢建築物時，要一磚一瓦地堆砌，置梁架屋，可能要花幾個月或幾年的時間才能完成。但是讓建築物倒塌卻只要幾秒鐘或幾分鐘。爲什麼？因爲在建築物裡的特定地點，放置炸藥破壞建築物的主要地基。炸藥爆炸時，建築物就會迅速倒塌。如果你從未看過這類影片，你可以到我的網站觀賞實例，我在網頁上播放一個強有力的視覺影像，讓你對於從金錢遊戲徹底解脫留下深刻印象，網址是：

http://www.bustingloose.com/dynamite.html

在人性遊戲第二階段中，也是以這種方式運作。擴展的自我知道能量場中最有能量的彩蛋「藏在」哪裡，也知道蛋裡面有什麼東西，哪些蛋對你產生最大的限制等等。在第二階段，擴展的自我指引你找出這些「最重要的蛋」（地基），協助你取回蛋裡的能量，解除評斷和結果，瓦解模式，也就是移除全像圖中包含的限制。就像摧毀建築物一樣，你不必瓦解你在第一階段創造的所有模式——只要破壞關鍵基礎模式即可。要從金錢遊戲中徹底解脫，你只要把自己創造用於限制本身無限富足自然狀態的蛋摧毀就好。所以，我才稱之為「世紀尋寶」。跟開啟自己原本具有的無限富足和創意能力相比，有什麼寶藏比這個更重要？

在尋寶時，尋寶人上天下海，使用特定工具尋寶。參與世紀尋寶及從金錢遊戲徹底

重點

在第二階段取回能力所花的時間，比第一階段將能力隱藏起來所花的時間要少。

解脫時，你也必須使用特定工具。要明白這些特定工具爲何並了解如何使用它們，請開始閱讀第九章。

9 自己掌舵

靈感無所不在。如果你準備好察覺它的存在，就連螞蟻也可能是宇宙的奇蹟之一。

——無名氏

喜愛這個世界讓人快樂無窮，因爲世界有許多面向，到處都有不同的景象。而且各種差異都應受到重視，只因它增廣人生視野。

——捷克作家卡雷爾・卡沛克（Karel Capek, 1890—1938）

汽車有駕駛座和乘客座位之分。乘客沒有能力或無法控制車子發生的狀況。駕駛擁有所有能力和掌控權。在人性遊戲第一階段，你（人格面具）坐在乘客座位上。在第二階段，你有機會跳上駕駛座。你想開車到特定目的地時，你要做的第一件事就是坐上駕駛座、繫上安全帶。當你準備好要邁入人性遊戲第二階段時，這就是我們現在要做的事。

在人性遊戲第二階段及從金錢遊戲徹底解脫時，你會用到四項工具。我將在本章說明這四項工具，並對第一項工具做詳細介紹，然後在第十章詳述其他三項工具。你可以用到的四項尋寶工具是：

一、表達感謝。

二、流程。

三、迷你流程。

四、讓話語具有力量和自我對話。

這四項工具相當有效，也是徹底解脫流程的必要部分。不過在這四項工具中，會在下一章詳述的「流程」是寶中之寶——是你運用最多、在旅途開始時最具有轉變能力的工具。不過在你懂得應用流程前，必須先發現「表達感謝」這項工具的神奇魔力。接下來，我們就開始討論這四項尋寶工具。

表達感謝

如果你跟大多數人一樣受到教導，認爲金錢的目的是提供交換物品及服務的有效方法。你知道人類文明生活中，一度採用以物易物的方式，但是以物易物的方式既不方便、也沒有效率，所以人類設計金錢，讓整個過程變得更簡單，也更容易。你也知道當人們從錢幣、紙鈔，演變到使用信用卡和電匯轉帳，金錢交易過程愈來愈容易，也愈有效率。不過，就像人性遊戲第一階段的所有事物一樣，你知道這一切只是僞裝，只是雲朵，是設計用來騙你讓你受困於限制束縛的幻覺。

有人做某件事對你好或幫助你，或是你從別人那裡收到某樣貴重物品時，你會怎樣回應？你會說「謝謝」，對吧？你藉此向對方表達感謝。當你去商店、餐廳或其他營業場所，因爲某樣東西而**付款**時，你不也拿到某樣貴重物品？如果你是有禮貌的人，在這種情況下，你也說謝謝，不是嗎？

如果明天金錢從地球上消失，情況會有什麼改變？書店裡的書會不見嗎？餐廳和商店會歇業嗎？生產線不再生產汽車嗎？診所、加油站、乾洗店和影印行都會關門大吉嗎？你現在擁有的**任何**物品和服務，就會突然無法取得嗎？

不會的！

那麼，如果錢消失了，你仍然可以取得物品和服務，**交易**中依然存在什麼？

表達感謝。

你還是想跟提供你物品或服務的人說一聲謝謝。你會拿到某樣貴重物品，也會想因此表達感謝。如果你走進一家餐廳，在餐廳裡度過愉快時光，你會向服務生致謝。如果你走進一家服裝店**買了**一件漂亮的禮服，你會向店員或店家致謝。如果你走進一家電子用品店**買了**一部電腦或一支手機，在你拿到物品時也會向對方道謝。

你**繳的**每筆**帳單**都因爲你拿到某項貴重物品。或許你不喜歡**繳**房租或房貸，但是有地方可以住很重要，不是嗎？或許你不喜歡**繳清**貸款，但是你利用貸款借到的錢，讓你能買到某樣貴重物品或做某件重要的事。或許你不喜歡看到信用卡帳單的應繳金額，但是如果信用卡**帳單**上列出十項物品，當你收到或體驗到這十項物品時，你也獲得價值，不是嗎？如果每次爲任何事項**付款**時，你都利用第二階段透視力仔細觀察，**其實**你所做的事只是說：「謝謝，我爲自己取得的物品（服務）表達感謝。」

基於你現在對人性遊戲的了解，如果你在餐廳裡享用晚餐，你用現金、支票或信用卡**付款**，其實你把錢付給誰了？你自己，對吧？沒有人「在那裡」付錢。每件事和每個人都是**你的意識**的創作。所以，最後是誰提供價值，你究竟跟誰道謝？

你自己。

如你所知，以我剛說的餐廳用餐爲例，餐廳根本不存在。是你的意識創造這個幻覺——房間、桌椅、牆上的藝術品、餐廳裡播放的音樂、廚房、食物、盤子、玻璃杯、服務生、泊車小弟、主廚，以及其他看似跟你一起用餐的人（看電影的情況也一樣），你在那裡所體驗到的一切及看到的人，全都是你創造出來的。在那裡沒有任何東西是真的，然而你說服自己一切都是真的。這是令人難以置信的成就，所以你該利用機會徹底表達

重點

每當你在個人全像圖中創造並體驗取得某項物品、服務或經驗的幻覺時，必須感謝創作的三個層面：

一、感謝你自己為了讓幻覺如此真實，必須表現得如此精湛。

二、感謝你的創作——不管是人、地點或事情——因為你讓一切看似如此真實，讓這些人在進行人性遊戲中完全支持你，讓你從中獲得特定利益（享受餐點、服飾、比賽、登山、香檳等諸如此類）。

三、感謝讓上述兩個層面可能成真的創造流程。

感謝！

如果你跟我共事過的許多人一樣，那麼你可能想到（或後來會想到）：「我不可能老是拍自己的背，或一直說自己很了不起吧。那樣做太自以爲是，也太自我中心。」不管你是否這樣想，請耐心聽我說。記得我說過，人性遊戲第一階段的意圖是什麼嗎？讓你相信，你跟眞正的你截然不同。上述例子就能說明此事。你看看身爲創造者的我們有多麼聰明、多麼狡猾。眞正的你是相當了不起的無限存有，但是在第一階段中，你成功地讓自己相信，感謝自己和誇獎自己是自以爲是或自我中心，也評斷自己這樣做「不好」。每次我打開透視力清楚檢視人性遊戲，我就對這場驚人遊戲敬畏不已，也對我們必須讓玩家進行遊戲而付出的努力嘖嘖稱奇。

你把愛用光過嗎？如果你愛的小孩或某位重要人士，你用言辭表達愛意，透過親吻、

重點

金錢的實際目的是向身為創造者的自己表達感謝，因為你所體驗的一切都是你的創作，而且它們如此富麗堂皇。

接觸或某種禮物來表達愛意，之後你的愛就會減少嗎？你擁有的愛或能力，其數量會因為表達愛意而減少嗎？

不會！

事實上，如果你仔細檢視，你有無窮的愛。而且每次你表達愛，你表達愛的能力和接收愛的能力，其實不減反增。感謝及以金錢形式表達感謝時，情況也一樣。你的感謝源源不絕，每次你表達感謝，你表達感謝和接受感謝的能力也不減反增。因此，當你隨時隨地表達感謝，結果會怎樣？**以金錢形式**表達感謝，這股流動會傳回給你，而且不減反增——這就是你進行人性遊戲第二階段時實際發生的情況。

既然你了解感謝這個概念，也知道感謝具有的力量，現在我們就來看看如何實際應用感謝。之後在下一章，當我告訴你如何將感謝與稱爲**流程**這項最重要工具緊密結合時，就能進一步增加「表達感謝」這項工具的功效。現在，當你付帳時有何感受？我在現場

重點

當你花錢時，你的金錢供給**並未**減少。事實上，它會再回流，然後增加。

活動詢問這個問題，最常聽到的回答如下：

「我覺得提心吊膽，因爲活存帳户裡的錢未必夠用，如果我不繳清帳單或支票跳票了，那就麻煩了。」

「每次付帳就表示沒錢做自己想做的事。這是一種二選一的交易，而且是我不喜歡的交易。」

「我只覺得要認清事實，因爲必須付清帳款，所以我的錢即將用光。」

「這是我的一大困擾。其實我可以做別的事。我不喜歡花時間開支票，把支票放進信封裡，再把郵票貼到信封上，然後將郵件寄出去。」

「每次付帳單時，我都覺得無能爲力，我不喜歡那種感覺，所以我會將付款一延再延，結果因爲延遲繳款而被罰錢，最後反而讓我爲自己的愚蠢而生氣。」

「我不介意付帳，但是繳稅卻讓我抓狂，那根本不是什麼合理的事，一點也不公平。那是我的錢，是我賺的，爲什麼不問我願不願意，就要我交那麼多錢給政府？」

不管你在付帳時，是否有類似想法和感受或其他負面想法和感受，究竟是什麼因素

強化你這種想法、這種感受？原因有三：

一、你對於自我能力和富足受到限制的信念。

二、你對於這些信念的評斷。

三、跟這些信念有關的結果事實。

事實上，你正把自己的財務限制彩蛋愈養愈大，你這樣做時，財務限制一定會在你的全像圖中持續存在。如果你描述自己**付帳**時的感受是不帶情緒或平靜沉穩，或許就不會強化限制，但卻錯失取回能力、讓蛋變小的良機，這一點你很快就會了解。

在人性遊戲第二階段中，你給自己一個機會，讓焦點從**付帳**轉變爲表達感謝。在剛開始時，這樣做需要自我訓練和毅力，因爲你覺得不自在，但是到最後，這樣做變成自然而然，再平凡不過。現在就開始，每次**付帳**、開支票、把錢交給別人或簽信用卡簽單時，你要花一點時間感謝自己的創作，感謝身爲創作者的你，也感謝自己收到的價值。

付帳時如何表達感謝

有九〇%的時間，我以信用卡表達感謝。所以在信用卡簽單簽名或開支票以郵寄方式繳納信用卡**帳單**時（現在我將這個過程稱爲「要求感謝」，這是預先演練「讓話語具有力量和自我對話」工具），我會檢視**帳單**或過目帳單上的每一個項目，爲它們所代表的創作表達感謝。

舉例來說，假設我在某家自己最喜歡的壽司餐廳享用很棒的晚餐後，用信用卡買單在簽單簽名時，我要表達感謝。於是，我跟自己這麼說**也眞的這樣感受**：「哇！眞是太令人稱奇的創作。我竟然創造出這整件事——餐廳、服務生、壽司、壽司師傅、我喝的清酒、我坐的餐桌，還有其他人跟我一起在餐廳裡用餐。這一切都是我的意識創作出來的。一切看似如此眞實，食物實在好吃極了！太驚人了。我眞是一位了不起的創造者！」

當我在簽單上簽名時，接著我還會跟自己這樣說，爲整件事畫下句點：「我以自己無限富足的自然狀態表達感謝，我知道自己表達感謝時，我在全像圖中體驗到的富足會繼續擴大，並重回到我的生命中。」

如果你用過「自我肯定」這類自我成長方法，或許你會這麼想：「聽起來就跟運用自我肯定法一樣啊。先前你不是說，自我肯定沒有用。」在第一階段，如果沒有讓能量場中相關模式獲得能量，自我肯定是不具效力的。另外，大多數人肯定的事，其實自己並不相信或認爲不可能發生。不過，當你在第二階段肯定眞相時，因爲擴展的自我協助你擴大並取回能力，讓能量場中的新模式**得以建立**，協助你所付出的努力，所以這樣做確實有效。我會在下一章中詳述此事。

就算我創造出的經驗，以第一階段的觀點評斷是不好的，我一樣會表達感謝。爲什麼？我們討論過，全像圖中沒有力量可言——任何事、任何人都沒有力量。其他人只是照本宣科的演員。食物完全是我意識的創作，所以如果我體驗到不好的服務或難吃的食物，那是我在能量場中模式創造的幻覺，並讓自己信以爲眞——這也是相當棒的成就——當然是值得感謝的事。

以我用於表達感謝的話語爲例，我時常修改這些用語。表達感謝並沒有規則或神奇

重點

向自己表達感謝時，說什麼話並不重要，你說的話幫助你產生的內在感受，才是重點所在。

公式可言，也沒有正確不正確或好壞可言。在第二階段裡，評斷是不存在的，只有你選擇要做什麼，什麼事情產生眞正感謝之情。你總是可以相信自己和擴展的自我，覺得想說什麼和想做什麼，就照著感覺去做。

在**付帳**時，當你這樣表達感謝會發生什麼事？會發生下面這兩件事：

一、啓動流程，讓你在第一階段能量場中放置限制個人財務的彩蛋，蛋中的能量不斷流失（詳見下一章）。

二、啓動循環，讓愈來愈多感謝回饋給你，表示有更多感謝以金錢形式回饋給你。

另一種檢視方式是：假設你到拉斯維加斯玩吃角子老虎，你發現一部投注機，每次丟入一美元，就中獎三美元。那麼，你會拿多少錢下注？有多少下多少，是嗎？你在投注機上，每下注一美元時，有何感受？很興奮，是嗎？因爲你知道自己可以拿回三美元。當你表達感謝、而非討厭**付帳**時，而且你眞正感受到感謝自己、感謝自我創作、感謝你從你的創作獲得價值的那股能量，這時候就發生像以一美元投注拿回三美元的情況。現在你知道，每次**付帳**時，其實你可以拿回更多錢。結果，一旦你從金錢遊戲徹底解脫，其實你很享受並期待**付帳**，不會像現在擔心付帳或認為付帳是一種**不好的**體驗。

當你表達感謝時，你必須真心感受，不能假裝。你不能藉此矇騙，因為這樣做你是騙誰？騙你自己！你不能坐在那裡說：「這樣做實在很討厭，但是薛弗德那傢伙說，我應該要表達感謝，那麼好吧！我非常非常感謝你。就這樣！努力向前邁進。」現在，你真的覺得這樣做要花時間、要練習，也要有紀律。不過，這個做法能創造超高價值，花多少時間和努力都值得。

你有同感也確實了解「表達感謝」的重要性嗎？或者，你覺得這樣做太瘋狂了，根本異想天開，是我嗑藥才這麼說？不管你現在怎麼想，我向你保證，如果你真心感受也確實做到，你自己就會看到這種富足效應的擴展。一直以來，我都親身感受此事。我繼續看到這種效應，也一直看到客戶體驗這種效應，我會在第十二章跟大家分享這方面的一些故事。

再舉另一個例子說明。假設明天早上你在上班途中經過咖啡店，花四美元為自己**買**一杯香草拿鐵。當你把四美元交給店員時，你可以跟自己這麼說——並且真心**感受**到——「哇！這簡直棒極了。我創造這間咖啡店、這部義式濃縮咖啡機、這些咖啡豆、牛奶、奶泡器、糖漿和杯子。我創造了店員和跟我一起出現在咖啡店裡的這些人呢。」然後，當你啜飲這杯香甜溫熱的咖啡時，你可以再說——並再次感受到——「哇！」這種神奇感受。爲什麼？因爲那裡根本沒有咖啡店、沒有義式濃縮咖啡機、沒有咖啡豆、沒有牛奶、沒有奶泡器、沒有糖、沒有杯子、沒有香甜溫熱的咖啡。一切只是鏡花水月，只是幻覺。只是你讓自己相信，它們就在那裡，一切都是眞的，而且香草拿鐵很好喝。

這實在是既驚人又了不起、既神奇又讓人佩服的「超自然」成就！

感謝它！

在人性遊戲第二階段中，除了把個人焦點從**付帳**轉移到表達感謝，你還能給自己兩個機會，協助自己從金錢遊戲徹底解脫。首先，你可以給自己這項禮物——感謝你看似從別人那裡拿到的錢。現在，你收到薪水、版稅、股利或其他金錢形式的感謝時，做何反應？你覺得滿心感謝嗎？感謝自己身爲創造者、感謝自己的創造，也感謝整個創造流程嗎？或者你認爲一切理所當然，因爲馬上跟你要支付的帳單或你想要但還沒到手的東西相比，你拿到的錢並不多？不管你目前做何反應，現在你有機會將你的反應改變成表達感謝，以先前的比喻爲例，就是讓你開始從投注機中，每投注一美元拿回三美元。

舉例來說，我擁有並經營幾項事業，也跟別人一起經營幾家公司。在人性遊戲第一階段中，我把這些事業和從事業中獲得的報酬，當成個人財務富足的來源。在第二階段，我知道它們不是我個人富足的來源（我的意識才是），但是我仍然以金錢形式向自己表達感謝。我的做法是這樣。當我以某家公司帳戶的名義開支票給自己，或接到合夥人開給我的支票時，我會依照前述表達感謝的步驟。爲什麼？因爲這些支票並不是眞的，公司也不是眞的，向公司**購買**產品和服務的顧客也不是眞的，因爲顧客交易讓公司有錢可以**付給**我也不是眞的，這一切都是了不起的創作和幻覺，而且我相當感謝。

除了我的事業及合夥事業，之前我還出過幾本書、錄過一些錄音帶，所以也收到版稅，外加上其他佣金和各種報酬。當我收到這些錢時，我也向它們表達感謝。

你可以給自己的第二個機會是，徹底感謝自己在全像圖中已創造出及正擁有的事，而不是評斷它、視其爲理所當然或只看到自己沒有的那個部分。如果你評斷自己現有狀況既糟糕又不富足，既討厭又不是你想要的，你想要更多、想要不一樣的東西。你這樣做是在幹麼？你在強化幻覺是眞的，你眞的受到限制。如果你專注在自己沒有的東西，你在做什麼？你一樣在強化幻覺，認爲自己受到限制。

你目前在全像圖中經歷的一切，只是擴展的自我在能量場中創造一個複雜模式，提供能量讓模式在全像圖中產生讓你信以爲眞的幻覺。意外或錯誤都不存在。不管你經歷過或正在經歷什麼，都是精心設計到你的全像圖中，支持你以自己想要的方式進行人性遊戲——**不論從你舊有觀點，對它做何評斷或分類**。這項精湛的創作應當受到感謝！一旦你深入第二階段，你可以創造自己選擇的一切。但是首先，你必須感謝自己已經創造的事物。如果你不感謝自己已經創造的事物，擴展的自我爲什麼要支持你，創造更多你也不會感謝的「東西」？如果你不感激自己已經創造的東西，那就像把一美元投進投注機，沒有拿回半毛錢一樣。當你能夠投注一美元，拿回三美元時，你何必這樣做？

在結束本章內容前，順道一提，你認爲傳統金融界中描述投資或投資組合**增值**（appreciation，有增值和感謝之意）一詞，也有「感謝」之意，這難道是巧合嗎？如同在人性遊戲第一階段中，我們把有關眞相的線索藏在各處，確定自己無法「看到」它們。如果你邁入第二階段，就會發現到處都是這類線索，也會發現這些線索既有趣又吸引人。

第十章的主題是寶中之寶「流程」這項工具——結合感謝工具，讓你從置於能量場中限制個人財務富足的模式中取回能力。等你做好準備，請翻閱第十章。

10 踩下油門，上路吧

有時候，人在可以再次出發前，必須先回顧，眞正的回顧——意識到並了解到自己一路走來的點點滴滴。

——**詩人暨作家保羅・馬歇爾（Paule Marshall）**

人生有十分之一是當下，十分之九是過往教訓。因爲大多數時間，當下也讓人難以掌握。

——**《水之鄉》（Waterland）作者葛拉翰・史威夫特（Graham Swift）**

在前一章中，藉由進入徹底解脫流程的實務面，發現感謝的神奇功效，你已經跳上駕駛座繫好安全帶，準備好往人性遊戲第二階段奔馳。以這項比喻繼續描述，現在是插入鑰匙發動汽車、踩下油門、加速前進，從金錢遊戲徹底解脫吧。

在本章中，你會發現第二項、第三項和第四項尋寶工具，包括：設計要支持你從能量場中限制（包括財務限制）模式中，取回能力的**流程**。這是徹底解脫流程中最重要的工具。流程是讓你脫離第一階段進入第二階段，並且永遠徹底脫離金錢遊戲的加速器。流程是我開發或體驗過最特別的工具。能應用流程，就能把前述章節提到的各個拼圖拼湊起來，這也是你閱讀本書的最終目的。不過，如果沒有前述章節先打好基礎，就不容易說明並應用流程這項工具。

應用流程取回能力很容易。一旦你熟悉這項做法，就會從中找到許多樂趣。不過就像學習任何新技能一樣，起初或許會覺得奇怪和不便。在我們繼續討論前，讓我先把一件事說清楚。身爲無限存有，其實你有能力動動手指，馬上擁有你原本擁有的所有能力、智慧和富足。不過，這不是人性遊戲第二階段的設計宗旨。在人性遊戲第二階段，你要逐一取回你的能力、智慧和富足，慢慢體會收回這一切的過程，就像你品嘗美酒佳餚，欣賞戲劇或小說一樣。

因爲你在人性遊戲第一階段的受限經驗及其所產生的挫折，你想立刻把自己的能力、智慧和富足全都收回來，這是可以理解的，尤其是在體驗到第二階段的可能性後。我剛開始進入第二階段時，也這麼想。不過，你必須了解那樣做行不通——況且你也不想那樣做。如果你進入第二階段，馬上就取回所有能力、智慧和富足，就等於在超級盃中，安排丹佛野馬隊（Denver Broncos）和西雅圖海鷹隊（Seattle Seahawks）對打，讓所有球員、教練、裁判、支援人員和球迷都聚集在球場，全球有數百萬人觀賞球賽，然後裁判動動手指說：「好了，丹佛野馬隊剛才以三十七比十的分數獲勝。現在大家都可以回家了。」

球員不想回家，教練、裁判和支援人員不想回家，球迷也不想回家。不管可能經歷什麼高潮和低潮，不管比賽打得多麼艱辛或最後結果會怎樣，大家要看到四局比賽進行。球員想要比賽，因爲他們熱愛比賽。所以，身爲人性遊戲的玩家，當你進入第二階段時（即使你心裡曾想過），但你卻不想回家。你想要進行遊戲，因爲眞正的你喜愛人性遊戲。

你利用流程，從第一階段自己創造放於能量場中限制模式取回自己的能力。你的能力隱藏在你**所有**創作中，隱藏在你在全像圖中看到及體驗到的一切，隱藏在你日常生活的各個層面。不過，最龐大的能量隱藏在讓你最感不快之處。你現在知道，眞正的你是時常保持喜悅、平靜，能無條件去愛每件事和每個人的無限存有。因此，不可能有什麼事會讓眞正的你感到不舒服。**不可能**有什麼事讓眞正的你感到害怕、憂慮、困窘、羞愧、生氣或有**負面**情緒。

唯一讓你顯得不自在的方式是，你在能量場中創造一個模式，提供能量給模式在全像圖中產生幻覺，讓你信以爲眞。而且你覺得愈不自在，愈不舒服，這種**負面**情緒就愈強烈，也就跟眞正的你愈離愈遠，你把自己推得愈遠，就必須花更多心思說服自己這個幻覺是眞的，所以也必須用更多能量完成此事。因此，爲了協助你從能量場中重要地點放置的彩蛋中取回最龐大的能量，擴展的自我將啓動模式，在全像圖中產生讓你最不舒服的情況，讓你體驗並應用流程工具。

如同我們在第二章的討論，打從你出生起，你就開始隱藏自己龐大的能力、智慧與富足，讓自己以爲你跟眞正的你截然不同。你也讓自己相信，隱藏能力的大多數地點既辛苦又危險，既恐怖又致命，必須不計代價地避開那些地方。你還讓自己相信，如果你「去那裡」就會發生一些可怕的事——會死、會迷路、會失去婚姻或子女、會遭受自己無力克服的羞辱和困窘。因爲你一生中體驗過這種感覺，所以你很清楚「不要去那裡」的感覺是怎樣。在第二階段，擴展的自我會帶你回到那些地方，保護你的安全，支持你從中取回能力。

一旦你熟練流程的應用，也取回足夠的能力，你的全像圖就會改變，然後會產生更多改變，接著改變步調開始加快，這時候一切變得好刺激。當你取回更多的能力，瓦解能量場中更多的模式，你在自然狀態中的能力、智慧和富足開始綻放光芒，你的人生開始愈來愈「不可思議」。

這個過程的運作方式如下。擴展的自我指引你找到並打開令你害怕的蛋，讓你感受到蛋中的能力——也就是必須放在那裡維持限制幻覺的能力。當蛋打開了也發現能力了，接著擴展的自我開始引導你應用流程工具，在當下取回適當能力。記住，我們的目標不是馬上取回所有能力，而是逐次取回所有能力。每次取回能力，你就擴展能力也擁有更多的可能性。每次取回能力，你也改變自己。一次擴展引發下一次的擴展，形成連鎖效應，最後破壞並瓦解你在第一階段建立的「限制機器」。這時候，你就從金錢遊戲徹底解脫。

現在，我打算說明如何應用流程工具。請將這個重點牢記在心：流程有一個核心結構，並有準則說明如何在結構中運作。每當你應用流程時，必須遵奉核心結構。如果你不遵奉核心結構，就無法仰賴流程支持你取回能力。不過，在核心結構內運作的準則只是——準則——你有許多自由和空間，依據個人喜好修正準則。簡單講，如何應用流程，是沒有單一方法、最佳方式、最佳規則或神奇公式可言。就像人性遊戲中的每件事一定是為你這位具備獨特使命、獨特的無限存有而特別設計。

我會替你強調出核心結構要素，跟你分享我幫自己、客戶和學生所設計的準則，然後鼓勵你在替自己設計流程時，依循擴展自我的帶領，將流程一再修改和實驗，讓流程工具適合你使用。我就是這樣做。我現在的做法，跟我剛開始應用流程時的做法截然不同。現在，我打算先讓你對應用流程的步驟有初步了解，然後再詳述各個步驟。記住，當你的全像圖中產生讓你體驗到不適感（或許是極大的不適或些微不適）的幻覺時，流程才揭開序幕。

流程概要

當你體驗到任何不適：

- 正面迎擊。
- 徹底感受讓你不舒服的這股能量。
- 感受最強時，告訴自己眞相爲何。
- 從中取回自己的能力。
- 愈來愈了解**眞正的**自己。
- 向自己和創作表達感謝。

關鍵是，**每次**感到不適，尤其在金錢和財務方面感到不適時，就應用流程。換句話說，如果你**因爲**股市指數下跌，你的投資組合價值減少，而讓你覺得不舒服，或者當你收到一張出乎意料的**帳單**，或在商店裡看到某樣商品的**標價**，在餐廳裡瀏覽酒單**價目表**，或在飯店裡瀏覽每晚住宿**費率**，不管你看到什麼讓你退縮或讓你說「那太貴了」的事，就應用流程步驟。或是當你覺得不舒服，拿下列問題問自己時，就是你應用流程步驟的良機：

- 「這我買得起嗎？」
- 「那我該買嗎？」
- 「現在就買那樣東西，這樣做節儉嗎？」
- 「我現在眞的需要那樣東西嗎？」

重點

如果你感到任何不適，請應用流程。

・「如果我買了那樣東西或做了那件事，我的另一半會怎麼想？」

步驟一：正面迎擊

以不舒服的感覺做掩飾的龐大力量既眞實又可感受得到。你可以感受到它，或許你體驗到這股能量像一個既龐大又不停震動的球體，像颶風或龍捲風，像急流中的漩渦。你認爲這股能量像什麼並不重要，我們在體驗情緒、能量和力量時，都有不同的感受，也運用不同的方式。只要注意自己遇到什麼狀況，不管你**在意識裡**體驗到什麼不適，直接正面迎擊，不要逃避。不論你選擇怎樣正面迎擊，記住要徹底讓自己融入這股不舒服的能量中。在開始時，如果你閉著眼睛應用流程會容易些。之後當你熟練流程步驟，就算不閉眼睛也沒關係，即使跟別人交談時，也能輕鬆應用這項工具。

步驟二：徹底感受讓你不舒服的這股能量

一旦你完全融入這股讓你不舒服的能量，盡可能徹底感受它。不管你覺得這股能量像什麼，只要感受它的強度、起伏、原始的力量。如果你可以提高它的強度，讓自己有更強烈的感受，請這樣做。因爲感受愈強烈，你就取回愈多的能量。因爲在第一階段裡，大多數人創造一股動力，在允許自己感受情緒前，先自動降低所有情緒的強度。舉例來說，情緒實際強度是一百，但是我們在允許自己感受情緒前，先把強度減少到六十，因爲覺得這樣比較安全些。因此以這個例子來說，其實還有四十單位的能量，是我們沒有意識到的。當你應用流程時，有機會取回所有可用能量。如果你不想這麼做，那也沒關係。你可以等以後有機會，再回去取回剩餘的能量。

不管你如何評斷或分類你感受到的能量強度，那是你的能量，是眞正的你，是你爲了在全像圖中創造體驗讓自己信以爲眞，必須放入蛋／模式中的能量。如果你感覺到快被那股能量壓倒時，你可以停下來，但是我請求你使盡全力，危險感受只是第一階段常用來騙你，讓你無法取回個人能力的老把戲。你可以忽視這項詭計，如果你選擇這樣做，

重點

允許自己盡可能地感受讓你不舒服的這股能量。暫時把思考、邏輯、理智、評斷擺到一旁，也不要將這種感覺歸類。只要**感受**它就好。

你是很安全的。不管情況看起來怎樣，擴展的自我會一直保護你，讓你安全無虞，絕不會讓你無法應付。

這個步驟的核心結構要素是，盡可能徹底感受感覺。你在體驗中**怎麼**做，看到什麼，感受到什麼，聽到什麼，爲自己創造什麼，都由你全權決定，你可以隨著時間改變調整做法。同前所述，在人性遊戲第二階段裡，任何事都沒有規則或公式可言。

步驟三：感受最強時，告訴自己眞相爲何

當你讓自己融入這股不舒服的能量中，並盡可能地徹底感受它，你會發現這股能量達到最大強度——或者你注意到自己當時願意感受的程度已到達極限。相信自己，你知道自己的忍受程度何時到達極限。抵抗第一階段的誘惑，不要過度分析，也不要說這種話讓自己洩氣：「我必須找到最理想的感受強度，如果我錯過了，一切就搞砸了，那我就是白癡。」你只要盡力而爲，相信擴展的自我，尤其一開始練習流程工具時，更要這麼做。當你更常應用流程時，一切就會變得更容易。

在感受最強時，請你說出眞相。這是什麼意思？在這個時候，請你確認眞正的你，眞正的你多麼有能力，是你創造這股不舒服的感覺，這股感覺不是眞的，只是你的意識

創造出來的。要這樣做，你必須想一些措辭描述眞正的你，而且這句話能引起你的共鳴，支持你感覺到自己可能擁有無窮的能力。你可以採用下面這些例子，或自己想出合適的措辭。用哪些措辭並不重要，重要的是這些措辭讓你有何**感受**。我自己採用第一句話，那是理財暢銷書作者亞諾．派頓（Arnold Patent）送我的話，我很喜歡所以採用這句話。其他句子則是我的客戶和學生所用的措辭：

「我擁有神的力量並且與神同在。」

「我擁有無窮智慧的力量。」

「我擁有純意識的力量。」

「我擁有宇宙最大的力量。」

當你選好措辭，日後還是可以加以修改，接著你在確定眞相後，加上這句話。舉例來說，我在進行流程步驟三時會這樣說：

「我擁有神的力量並且與神同在，這是我創造的幻覺，不是眞的，一切都是虛構的，是**我的**意識創造的。」

步驟三的核心結構要素是告訴自己眞相，一切都是你創造的虛構幻覺。你必須說明眞相，眞的**感受**到自己描述眞相所用話語的眞實性和力量。爲什麼？因爲在第一階段，你欺騙自己、隱瞞眞相。你告訴自己幻覺是眞的，既可怕又有力量，而你卻無能爲力，那些謊言讓你困在限制束縛裡。當你應用流程，你必須逆轉這股趨勢，說出眞相爲何。你要怎麼做、用什麼話語及如何使用這些話語，都由你自己決定。

步驟四：從中取回自己的能力

在你說出關於個人創作的眞相後，你只要藉由運用這類話語：「我**現在**從這項創作中取回能力！」肯定事實，就能取回自己的能力。那是我剛開始進入第二階段時用的措辭。不過，後來我在第一句話又增加一些字：「當我回收那項能力，我覺得那項能力又回到我身上。」（而且我眞的感受到它「回流」到我身上。）接著我說：「我全身上下都感受到這股能量。」（而且我全身上下眞的感受到這股能量。）

在步驟四中取回能力是流程工具的關鍵步驟，尤其是在剛開始應用這項工具時，步驟五和步驟六也很重要。當你愈深入第二階段，步驟五和步驟六會愈來愈重要，但是之後你會知道，要精通步驟五和步驟六是要花時間的。如果你遵照步驟一到步驟四的做法，**就能**取回能力，你的全像圖**也會開始**改變。

步驟五：愈來愈了解眞正的自己

在步驟五，你愈來愈了解眞正的你，眞正知道並確切感受到自己擁有的能力。我將此稱爲**感受無窮能量**。爲了討論方便，假設你選擇使用我對眞實自我的描述：「我擁有神的力量並且與神同在。」那麼你必須學會眞正感受到自己**是**那樣子——眞正感受到自己**是**具有無窮能力、智慧與富足。你開始拿這些問題問自己：「如果我有無窮的能力、智慧與富足，那會是什麼感覺？如果我能動動手指就讓自己要的東西馬上出現，那會是什麼感覺？人一直處在絕對喜悅與平靜的狀態，那會是什麼感覺？」

我能培養並拓展這些感覺的方式，是藉由一再地告訴自己下面這些話，並確切感受這些話語的眞相與力量：

我擁有神的力量並且與神同在，我創造自己體驗的一切。

那裡沒有力量、沒有任何人和任何事物具有力量。

現在，在這裡，我擁有無限的富足。

我擁有無窮能力創造任何我想要的東西。

我擁有無窮的知識與智慧。

我感受到源源不絕的喜悅與平靜。

我對自己的所有創作表達無條件的愛和感謝。

此時此地，我以源源不絕的金錢表達感謝。

這件事沒有什麼神奇之處，但是當我說出這些話，我也高舉雙手，最後我會手掌朝上說完「此時此地」做結束。對我來說，高舉雙手這個動作讓我覺得體內擴展的這股力量在支持我。

以你目前的狀態，你不知道身爲擁有所有前述特質的無限存有，究竟是什麼感覺。你不記得擁有無限能量是什麼感覺。所以，在開始時你對感受無限能力的能力充滿自信，這種能力日後會不斷擴展。如果你使用類似我所用的話語，或許這些話剛開始聽起來很空洞。沒關係。不管怎樣還是把話說出來。如果你採用另一項策略感受無窮能量，起初

重點

或許這些話剛開始聽起來很空洞。沒關係！不管怎樣還是把話說出來，並盡可能地感受它。過一段時間，你自然而然會覺得這些話愈來愈真實。

或許無法覺得這股能量很弱。那也沒關係。只要你盡全力並抵抗第一階段的誘惑，別覺得自己做得不好，或「改善」緩慢，而質疑自己或流程，打擊自己。你的目標是要能隨意感受無窮的能量——如果你全心全力進行人性遊戲第二階段，你終**將會**抵達那裡。記住，當你進行第二階段工作時，你並不孤單。擴展的自我總是在那裡陪你，隨時幫助你並支持你。

當你肯定自己在步驟四中從個人創作取回能力後，接著你徹底感受到無窮能量並讓自己完全融入其中。我這時會這樣說——也這樣感受：

「當我感受到這股波動，我覺得自己日漸擴展接觸到眞正的我。我覺得自己在全像圖中展現出更多的眞實自我。**我擁有**神的力量並且與神同在。此時此地，**我擁**

有無限的富足。」

然後，當你**在意識裡**，完全沉浸於無窮的能量中，你讓當初令人感到不適的經驗重現。如果你再次體驗這個情境，依舊感到任何不適，將這股讓你不舒服的能量融入無窮能量中，讓它消失不見。然後再次重現那個情境，一直到不適感完全消失，直到你只感受到無窮能量爲止。

步驟六：向自己和創作表達感謝

在步驟六（最後步驟），你檢視自己創造激起不適感的「電影情節」，感謝這項創作這麼了不起，讓原本鏡花水月的幻覺變得讓你信以爲眞。本質上，你對於剛才取回能力的創作，只有讚嘆叫好之感。我稱之爲「讚嘆效應」（The Wow Effect）。因此，結束流程

重點

你必須時常真切**感受**到自己所用話語中隱含的真相！

步驟時，你正處於極度喜悅與擴展的狀態。

讓它奏效

這似乎太簡單了，是嗎？如果是這樣，那是因爲不是只有你在做，還有擴展的自我幫忙你。你正在跟擴展的自我並肩合作，應用流程工具，讓擴展的自我帶領你找到彩蛋並將其打開，也讓擴展的自我協助你從中取回能力。人性遊戲就是這樣運作。在第一階段，擴展的自我盡全力阻撓你找到自己的能力。在第二階段，擴展的自我盡全力協助你取回能力並擴展能力。藉由應用流程，隨著時間演變，你從以往限制你財務富足的彩蛋（模式）中，取回能力。你也讓存放在彩蛋（模式）中的信念、評斷和結果逐漸消散。

流程工具讓你感到困惑或無法承受嗎？若是這樣，在你仰賴擴展的自我，協助你使用流程工具一段時間後，就不會再有這種想法。我教導世界各地數千名人士使用流程工具。大家都需要一些練習，卻也很快就「弄懂」這項工具，久而久之，就把流程變成適合自己使用的工具。你也一樣！以我的經驗來看，最棘手的部分在看似可怕的情景出現時，找到勇氣直接面對這種不舒服感，衷心感激自己之前評斷的創作，學會在結束流程時培養無窮能量，讓自己開放拓展（因爲每個人是不一樣的，或許你認爲這樣做不難）。

然而，只要耐心練習，一切就隨之而來。

接著我把應用流程的準則再度列出，供大家參考和回顧。當你感受到任何不適，而且感受程度最強時，你直接迎擊並說：

「我是＿＿＿＿，這是我所創造的。」（在空格處塡入你所選擇的描述。）

「這不是眞的。」（確實感受這些字的意義。）

「這全都是虛構的。」（確實感受這些字的意義。）

「這是**我的**意識創造出來的。」（確實感受這些字的意義。）

「我**現在**從這項創作中取回我的能力。」

「當我取回能力時，我覺得能力回到我身上。」（感受它！）

「我覺得這股能力在我全身流動。」（確實感受到能力的流動。）

「當我感受到這股流動，我覺得自己愈來愈擴展，跟眞正的自己愈來愈接近，在人性體驗中展現更多眞實自我。我是＿＿＿＿。」（插入你選的描述。）

衷心感謝自己爲了創造幻覺，並讓幻覺信以爲眞，必須創造如此驚人的傑作，也感謝這項傑作在第一階段中有這麼好的表現。

現在，我們用實例說明流程。如果從引發不適感的觀點來看，我的例子對你並不適用，請自行發揮創造適用實例。假設你開車到修車廠做例行維修，服務人員跟你說車子有很嚴重的問題必須馬上解決。她告訴你要**花**二千五百美元的修理費。假設在這個幻覺中，你讓自己相信，活存帳戶中沒有足夠的錢**支付**修理費。當服務人員告訴你這個「好消息」時，你很緊張、擔心或覺得很不舒服。

這時候，**在意識裡**，你在這種情況下感受到不適，你直接迎擊這股不適感，盡全力感受它。在當時個人感受最強時，你告訴自己這些話並**真切地感受這些話的意義**：

「我擁有神的力量並與神同在，我創造自己體驗的一切。這不是真的，全都是虛構的，是**我的**意識創造出來的。我**現在**從這項創作中取回我的能力。」然後你停頓一下繼續說：「當我取回能力時，我覺得能力回到我身上。」而且你停頓一下，感受這股能力回到你身上，不管你有何感受。「我覺得這股能力在我全身流動。」接著你停頓一下感受這股流動。「當我感受到這股流動，我覺得自己愈來愈擴展，跟真正的自己愈來愈接近，在人性體驗中展現更多真實自我。當我覺得自己向無窮能量開放時，我是________。」

然後在意識裡，你重複服務人員跟你說修理費要二千五百美元的情景。如果你還感受到任何不適，就讓這股不適感消散在無窮能量中，重複這個步驟直到沒有任何不適感為止。接著，讓自己融入這股無窮能量中，愈久愈好，讓自己覺得很感動。然後感謝自己創造這麼棒的幻覺，創造出汽車、有問題的汽車、修車廠和服務人員，在真正的你其實是無限富足的情況下，創造沒有錢**支付**修理費並讓自己信以為真的幻覺。你感謝自己身為創造者，感謝你的創作，感謝從創作中獲得的價值（以此例來說，這是第二階段取回能力並肯定真相的大好機會）。

就是這樣，這就是「流程」。在你練習一陣子覺得得心應手後，你可以依據引發不適感的「電影情節」細節和個人所做的選擇，來應用流程，整個流程或許只要花一分鐘就結束，或者你可以自行選擇將整個流程延長。反正到最後，流程會變得既快又容易，不必花幾小時或整天的時間。同前所述，應用流程其實是你會滿心期待、既好玩又開心的體驗。我跟應用流程的客戶都這麼認為呢！

我在家感受到任何不適時，會靠在居家辦公室裡的冥想椅上，閉上雙眼應用流程。如果在晚餐或派對上跟別人交談時，感到不舒服，我會不看對方，開始應用流程，或是眼睛注視下方用手指摸著額頭好像在沉思，不然就找藉口去化妝室在那裡應用流程。多練習，你就會了解在各種情況下要如何應用流程。這件事並不難，只需要多一點常識和練習。

雖然到最後，應用流程變成既快又容易的事，但是有時候你會決定，不適感被自然引發時，並不方便或不可能應用流程。那也沒關係。如果發生這種情況，你有兩種選擇：

一、稍後等到方便時再應用流程，只要在意識中重複引發你不適的情景，重新創造不適感並應用流程即可。

二、忽略這次取回能力的機會，你知道自己改天還是有機會的。

我想跟你分享流程的額外應用，相信你會喜歡這種做法。有時候，當你覺得不舒服，只是覺得好像有一點不適感。有時候，你的全像圖中出現某件事讓你感到不適，也引發

重點

你未必要在感受最強時應用流程。

心中出現特定連鎖反應：「喔，不好了，如果發生這種事，就會這樣、會那樣、然後這樣、那樣……太糟糕了！」而且你發現自己想像著連鎖事件最終結果是一場**災難**。

舉例來說，如同我在〈導論〉說過，我經歷過一次財務困境後，我創造幻覺讓自己相信，許多年後自己的錢又沒了，也在腦海裡創造這樣的連鎖反應：「如果錢像這樣流出，沒有收入進來，準備金就會花完。那麼，我最後就會虧掉自己夢想的房子，必須讓小孩從私立學校休學，開除對自己效忠的員工。我會成為社區和友人中的恥辱，會讓父親蒙羞，也會成為寫作界、演講界和教育界同儕間的笑柄，我會意志消沉，無法重新振作。」

如果你經歷那種**損失**的連鎖反應，或是你發現即使先前沒有一長串連鎖反應發生，自己還是經歷深沉的恐懼，擔心特定**災難事件**發生，那麼請**在意識中**想像整個災難事件。讓合理的**災難**結論出現。接著，當你體驗到災難結果產生的龐大不適時，應用流程。這樣做，就等於在三方面支持自己進行第二階段的旅程：

一、你會從龐大彩蛋或一連串互相連結的彩蛋中取回能力。

二、一旦這些彩蛋失去效力，不適感就會**永遠**消失。

三、藉由在意識中體驗這場**災難**，你就不必在全像圖中製造這個幻覺，也不必以更實質的形式去體驗這場災難。

重點是，你必須知道「理性**了解**某件事不是眞的，是虛構的，是個人意識的創作」跟「從中取回能力」，這兩件事截然不同。這也是許多第一階段自助、個人成長、成功和形而上學方法最後失敗的原因。了解還不夠，運用試圖模擬全像幻覺的方法也不奏效。爲了瓦解能量場中限制你的模式，你必須確實地從模式中取回能力。或許有其他我不知道的方法存在，但據我所知，沒有別的方法比流程更能讓你從第一階段受限模式中取回能力。

在進行人性遊戲時，流程是我體驗過最接近奇蹟的事。如果你承諾做好流程，那麼以往讓你討厭、造成你痛苦、令你財務受限無法富足的模式，就會從全像圖中消失。曾

重點

在你從彩蛋／模式中取回能力前，這個幻覺會繼續**看似**真實、栩栩如生，而且有能力控制你。

經讓你害怕得要死的事，反而會令你發笑。以往自動引發你生氣、害怕、困窘、挫折、無能爲力或自覺藐小的事，也會消失不見，甚而會感到喜悅、平靜、有能力。這是多麼驚人的事啊！另外，你不久就會知道，這樣做讓你自然而然地接觸到你在自然狀態下的無窮能力、智慧和富足。

昨天我跟我太太塞西莉（Cecily）談到此事。以往她常碰到一種模式，她創造自稱爲「情緒風暴」的龐大不適感，把自己弄得像被狂風吹起旋轉，覺得無能改變此事。「我只是盡全力存活下來，等待情緒風暴過去，因爲我知道這場風暴會吹襲一個小時或幾天，」她說。在邁入第二階段並學會運用流程工具後，每當情緒風暴來襲，塞西莉不再無助。她不再受到情緒風暴的擺布，也不必等待情緒風暴結束，只要應用流程並從情緒風暴中取回能力。她知道自己取回愈來愈多的能力時，風暴來襲的次數會愈來愈少，最後風暴

重點

在第一階段，你想讓**不好的感受**消失。在第二階段，你說：「讓不好的感受出現吧！」這樣你就能從自己在能量場中放置的限制彩蛋取回能量。

會從此消失。

在第二階段，不適感只是閃著紅燈表示：「能力在這裡！能力在這裡！來吧！來吧！把我弄到手！」所以，你去把能力弄到手，不可思議的事就發生了！

雖然這本書還有五章才結束，而且我們一起進行的旅程也還沒抵達終點，但是我想建議你盡可能花一點時間，開始應用流程。或許你現在有某件事讓你不太舒服，例如：**帳單、某個問題或議題**。或許今天或明天，有什麼新情況發生在全像圖裡讓你感到不適。你愈早開始應用流程，愈自在地應用流程，把我提供的準則依照個人獨特情況做調整，那麼流程工具就能爲你發揮更多功效，你就能取回更多能力。

我們會在後續章節繼續討論流程，現在該是討論你在人性遊戲第二階段中會用到的另外兩項工具。

第三項工具：迷你流程

當你進入人性遊戲第二階段，你會注意到兩項與金錢和財務有關的情境（及其他與金錢無關的創作）出現了：

一、造成你有不適感的經驗。

二、不會讓你有不適感，卻指引你找出能量場中限制模式的經驗。

當你感到不適，請應用流程。當你**並未**感到不適，卻看到限制模式在運作，就應用迷你流程。爲了區別兩者，我先舉例說明。假設你查看自己的活存帳戶明細，因爲餘額過低令你不安，這時你可以應用流程。不過，如果你在查看活存帳戶明細時，因爲餘額看似「龐大」或「足夠」，所以你**並未**感到不安，這時你可以應用迷你流程。爲什麼？因爲你的活存帳戶不是眞的，明細表上的存款和提款數字不是眞的，餘額也不是眞的，所以你知道自己看到的是一個受限創作、是一個幻覺。你想利用這個機會從中取回能力，再次證實眞相支持自己從金錢遊戲徹底解脫。

重點

在第一階段，你一再地告訴自己：「錢是真的，活存帳戶是真的，數字是真的，金錢遊戲是真的。」在第二階段，你將流程逆轉，一再地告訴自己：「這是幻覺，這是幻覺，這是我創造的，這是我創造的。」並且從中取回能力。

迷你流程就跟流程一樣，只不過因為你並未感到任何不適，所以不必進行步驟一「正面迎擊」。因此，你只要依循剩下的步驟去做：

一、「我是＿＿＿＿，這是我所創造的。」（在空格處塡入你所選擇的描述。）

二、「這不是眞的。」（確實感受這些字的意義。）

三、「這全都是虛構的。」（確實感受這些字的意義。）

四、「這是**我的**意識創造出來的。」（確實感受這些字的意義。）

五、「我**現在**從這項創作中取回我的能力。」

六、「當我取回能力時，我覺得能力回到我身上。」（感受它！）

七、「我覺得這股能力在我全身流動。」（確實感受到能力的流動。）

八、「當我感受到這股流動，我覺得自己愈來愈擴展，跟眞正的自己愈來愈接近，在人性體驗中展現更多眞實自我。我是＿＿＿＿。」（插入你選的描述。）

九、衷心感謝自己為了創造幻覺，並讓幻覺信以為眞，必須創造如此驚人的傑作，也感謝這項傑作在第一階段中有這麼好的表現。

如果你沒有時間或想同時檢視許多限制創作，你可以只做步驟一到步驟五，將流程簡化。不過，多加練習後，你就能更快加速通過第二階段，向金錢遊戲徹底解脫邁進。這裡的關鍵結構要素是，檢視全像圖中所有限制幻覺（尤其是讓個人財務受限的幻覺），說出眞相並取回你的能力。

第四項工具：讓話語具有力量和自我對話

在金錢遊戲中，我們用許多構想、概念和話語，強化財務限制的幻覺。爲了補足第二階段中感謝工具、流程工具和迷你流程工具的運用，你要改變自己的用語和自我對話，支持自己逐漸擴展，接受自己無限富足的自然狀態。

因此，你要留心自己跟別人的交談和自我對話，利用以下建議的第二階段用語取代第一階段用語，改變所有構想、概念和話語——並且在這樣做時，盡可能感受眞相與新用語的意義：

第一階段用語	第二階段用語
成本	要求感謝
帳單	要求感謝
花費	表達感謝
經常開支	每月定期表達感謝
價格	被要求表達感謝
多少錢？	這項作品要求怎樣的感謝？
付款	表達感謝

經過一再地練習，你就會了解這個構想。就像應用流程一樣，起初你或許覺得第二階段替代用語很空洞，但是只要你更常使用這些用語，更深入第二階段，這些用語就會變得更眞實。

我們以實例說明，如果你進到一家商店、銀行或餐廳，跟對第二階段或金錢遊戲徹底解脫毫無所知的友人或配偶提及此事，如果你使用我建議的用語，他們會以爲你瘋了。這時候，自我對話就派上用場。如果你跟別人講話時必須使用第一階段用語，那麼請你同時在腦海中提醒自己眞相爲何，並確實地感受眞相。或許這樣做看似小事或吹毛求疵，但是在第二階段，一切就跟從讓限制我們財務的模式中取回能力有關——而不是在增加這些模式的能力或維持現狀。改變個人用語和自我對話，就能對這項目標產生絕佳支援。

當你日復一日地應用這四項尋寶工具——感謝、流程、迷你流程、讓話語具有力量及自我對話——驚人的事就開始發生。要了解應用這些工具會發生什麼事，如何在日常生活中應用這些工具，在從金錢遊戲徹底解脫的旅途中，應用這些工具時能有什麼期待，請繼續閱讀第十一章。

11 徹底解脫

一旦你相信自己，就知道怎樣過活。

——**德國詩人暨劇作家歌德（Johann Wolfgang Von Goethe, 1749—1832）**

哇！我們一起走了一大段路，不是嗎？現在，你了解人性遊戲第一階段和第二階段的運作，知道我的模式所仰賴的科學基礎，也清楚你如何在自稱爲「人生」的完全體驗電影中，創造所經歷一切的機制。同時，你也具備從金錢遊戲徹底解脫所需的所有尋寶工具。

在這個章節，你將發現如何在日常生活中，結合並運用這四項尋寶工具。我也會開始討論，你在使用這些工具時該有何期待。然後在第十二章中，我會跟大家分享我自己及客戶與學生在生活中的許多故事，說明第二階段生活的情況與感受（但是請記住，你可以自行設計你專屬的第二階段體驗）。

重點

在第二階段，一切事物只是為了支持你運用四項尋寶工具，此外就不具任何意義、重要性、目的、實質意涵。

在人性遊戲第一階段，你以外在事物爲焦點。在第二階段，你把焦點轉移到你的內在。第一階段的重點是隱藏個人能力、限制自己、讓自己相信你跟眞正的你截然不同。第二階段的重點是取回能力，想起自己是誰，再次證實眞相，擴展並徹底增加自己的感謝程度，並且不限制自己。這就是我說的第二階段運作。

在第一階段，個人全像圖中發生的事對你很重要。在第一階段，細節才重要。在第二階段，細節卻無關緊要。爲什麼?因爲細節是擴展自我的創作，只是爲了支持你進行第二階段運作。在第二階段，你有沒有工作、有沒有浪漫關係、要向左走或向右走、賺錢或賠錢、跟家人處得好不好，這一切都沒有關係。你的事業生涯成功或失敗、活存帳戶餘額多寡或資產淨值有多少（或如何改變），也沒有關係。

故事情節並不重要，唯一重要的是，故事情節如何提供你機會，運用尋寶工具並進行第二階段運作。第二階段的目標是要——讓你能不受任何限制束縛地進行人性遊戲。因爲這項寶藏如此珍貴，是你現在無法想像的事，會讓任何事相形見絀。

這個構想相當巧妙。表面上從邏輯觀點來看很容易理解，不過微妙處要等到你在第二階段有過許多經驗**向自己展現**真相後，才會明白。現在只要先播下種籽，經過一段時日的澆水栽種，就會發芽長大。

進入第二階段時，擴展的自我會在能量場中創造模式，提供模式龐大能量在全像圖中產生幻覺，提供你機會，應用四項尋寶工具並從金錢遊戲徹底解脫。在人性遊戲第一階段，你學會主動積極讓事情發生，採取大規模行動，訂定目標並達成目標，把工作完成。這個模式深植我心，讓我花了九個月的時間才取回能力並瓦解模式。

在第二階段，情況剛好相反。在第二階段，你生活在我說的**回應模式**（reactive mode）中。早上醒來等著看看個人全像圖中出現什麼，覺得自己想做什麼或有什麼靈感要做什麼。全像圖中出現什麼，你就做出回應。整天都這樣做，日復一日地做。在第二階段，沒有目標、議程或所欲成效，沒有一年計畫、五年計畫或十年計畫。你把焦點縮小，活在當下最重要。

你就像做雜活的雜工，等人家上門請你做事。有人找你做事時，你去現場或辦公室

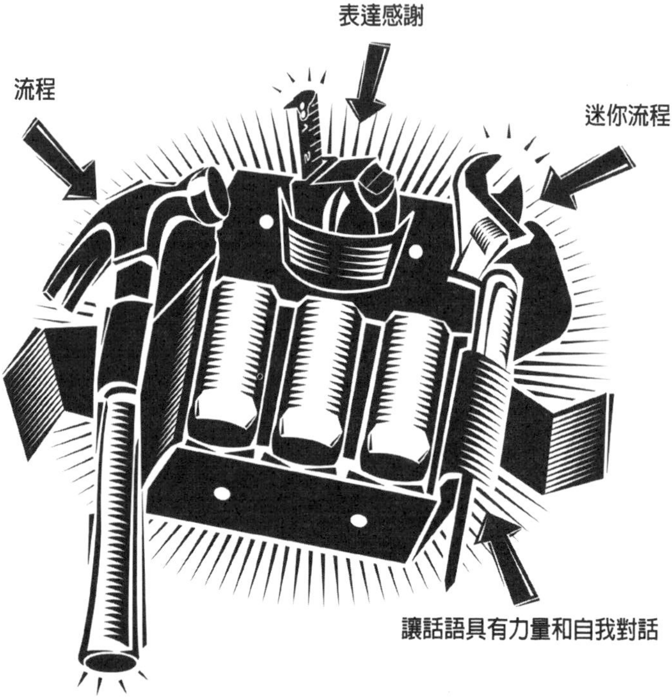

圖十一・一　你在第二階段使用的工具腰帶

看看需要做什麼。然後從工具箱或貨車中選出要用的工具，把該做的事做完。一項工具用完、一項專案完成後，你再挑選另一項工具完成另一項專案，總是運用最適當的工具完成工作。有時用螺絲起子，有時用刷子，有時用鑽子或鋸子。圖十一・一所示即爲你在第二階段時，可從工具腰帶中選用的工具。

當你活在當下並活在回應模式中，全像圖中出現的經驗讓你覺得不舒服時，就從工具腰帶中拿出流程工具使用。全像圖中出現的事不會讓你感到不適，卻讓你找到能量場中限制模式（例如：銀行帳戶明細、財務報表、個人股票投資組合價值月報表、帳單等等），你就從工具腰帶中拿出迷你流程工具使用。如果你發現自己以第一階段限制用語思考或交談，你就從工具腰帶中拿出「讓話語具有力量和自我對話」工具使用。一有機會，你就從工具腰帶拿出感謝工具，感謝自己創造這麼棒的作品，感謝自己這位創造一切體驗的創造者，也感謝人性遊戲。

如果你在一天當中有決定要做，你依據自己的感受或靈感做決定，因為你依據擴展自我的指引進行每一個步驟，所以你相信這是最適當的選擇。如果你的決定讓你感到不適，應用流程工具直到這項決定不會讓你感到不適。然後從這個擴展狀態中，你做自己

重點

擴展的自我是第二階段的駕駛，你不會犯錯，把事情搞砸或斷送大好機會。你只要相信擴展的自我，做自己在當下認為受到啟發或激勵的事。

想做或有靈感去做的事，相信這是最理想的選擇。

在第一階段，你讓自己相信全像圖中有力量存在，扮演人格面具的你是駕駛，你一肩挑起把事情完成的負擔和責任。在第二階段，你完全擺脫這些負擔和責任，你把自己交給第二階段的遊戲，讓擴展的自我指引你。如果當你放手或考慮要放手時，出現不安、憂慮或擔心，就應用流程工具。反正在第一階段時，你從未掌控過什麼。在全像圖中根本沒有力量存在，一切都是幻覺。擴展的自我總是掌控一切也有力量，所以在第二階段時乾脆放手，相信擴展的自我，你只要證實眞相並依據眞相過活。

你不必主動尋找彩蛋取回能力，只要依照擴展自我的帶領，找到這些限制你的模式。同前所述，擴展的自我知道具備最大能量的彩蛋藏在哪裡，也知道在第一階段建造限制「建築物」時，把這些炸藥擺在哪裡，等到你準備好時就可以引爆炸藥，摧毀限制束縛。以摧毀建築物的例子來說，先前我們討論過，不必在建築物內每塊磚瓦上放置炸藥，只要在支撐幻覺結構的重要基石上安裝炸藥即可。

應用流程進行第二階段遊戲，是需要無比的勇氣、耐心、紀律、承諾和勤勉。爲什麼？因爲如同我在第十章所說，擴展的自我會帶領你找到並打開引發你內在強烈不安的彩蛋。在人性遊戲第一階段，你會躲避或設法壓抑這種感覺，會想辦法讓這種感覺消失。

> **重點**
>
> 進行第二階段時，你必須時時牢記在旅途終點等候你的寶藏，因為這項寶藏，一切都值得！

在第二階段，你要正面迎擊，這樣做就需要無比的勇氣、紀律和承諾，即使你覺得想放棄，還要保持那種「讓它來吧」的態度，日復一日地繼續應用流程工具。

應用流程工具時，也要求你切合實際，知道自己能做多少，能多快做到。當你體會到尋寶工具的能力，或許你想應用流程，一次取回生活中各項事物的能力，也想一次改變全像圖中的一切。但是這兩種選擇都無法支持你進行第二階段。記住，立即取回所有能力及一次改變全像圖，並**不是**我們的目標。擴展的自我會帶領你找到具備最多能力的彩蛋，依據設計支援你透過無數次的流程應用，從中取回能力，直到這些支撐幻覺的重要彩蛋都被找到、能力都被取回爲止。在某些情況下，我要花好幾天或幾週的時間，才能取回蛋中的能力。有些彩蛋則需要幾個月、一年、甚至幾年的時間，才能將其瓦解。擴展的自我也會支持你對這些創作表達衷心的感謝，並感謝身爲創造者的你。你會了解到，當你逐漸深入第二階段，感謝工具就日漸重要。

有時候當你感到不適，應用流程工具後，倍感喜悅也覺得自己擴展能力。接著，幾秒鐘、幾分鐘或幾小時後，你發現先前那種不適感又「回來」了。或許你覺得一樣，但是情況已經改變。絕對不是先前引發不適的事又回來，而是新的事物引發不適。每當你應用流程取回能力，能力就屬於你。你並沒有跟自己開玩笑或假裝。即使你未必馬上覺得不一樣（不過許多情況下，你會馬上感受到不同），這卻是千眞萬確的事。每次你應用流程，你就有所改變，你進入更拓展的意識狀態，對你而言一切都不同了。如果同樣的事似乎再發生，那麼你是從同一個彩蛋中取回更多能力，那是不同的能力。接受不適，正面迎擊，應用流程並取回能力。

在第二階段，你只是爲了取回能力而取回能力，不是爲了改變、修改或改善個人全像圖而取回能力。這是你要理解的關鍵重點，在一開始或許是一大挑戰。你不是爲了讓

重點

在第一階段，你被教導「快就是好」。在第二階段，速度無關緊要。無拘無束地進行人性遊戲，才是最終目標。時間表不具重要性，不管花多久時間都沒有關係，一切會按照最適合你的進度進行。

某件**不好**的事消失，或讓某樣**好**事出現或增加數量，才取回能力。你不是爲了讓業績增加爲三倍，讓所得增加爲兩倍，讓自己還清債務，增加員工生產力，獲得升遷，讓自己感覺好一些或產生**任何**特定結果，才取回能力。你要擺脫所有應辦事項及投資成效與成果。我知道這件事說比做容易得多，但是當你一再進行第二階段運作，自然而然會接納這種思維。時間到了，自然而然會發生。

當現金流量、個人事業或財務似乎出現**不好**的狀況時，誘惑你的挑戰也出現了，你應用流程開始檢視自己的全像圖，看看**結果**是否能改變什麼事。但是這樣做無法支持你從金錢遊戲徹底解脫。這件事需要技巧，也很微妙，你必須避開流沙，所以請仔細聽好。如果你想改變、修改或改善個人全像圖，那麼你正在做什麼？你在評斷它！你在說：「我不喜歡這個。」我們討論過，評斷會讓第一階段幻覺維持現狀，所以如果你評斷某項創

重點

一旦你取回能力，能力又屬於你，你不會失去它。一旦你擴展能力，就繼續維持擴展狀態，能力不會減少或退回原先的狀態。

作，會發生什麼事呢？你強化現況，讓創作繼續存在於全像圖中。事實上，你一直說：「那是眞的！那是眞的！」因此，幻覺**一定**會固定在原處。在第二階段，你的目標是從彩蛋中取回能量，而不是讓彩蛋又獲得養分。

我們更深入探討這項關鍵概念。在第一階段，行爲和結果之間存在著因果關係的幻覺。我們讓自己相信：「如果我做X和Y，就會獲到Z。」事實上，**全像圖裡**根本沒有這種關係存在。換句話說，**在全像圖中**沒有會**在全像圖裡**引發結果的肇因。眞正的肇因都在全像圖之外。眞正的肇因就是你的意識，是能量場中的模式和你具備的能力。

如果你應用流程，期望在全像圖中產生改變做爲**結果**，那麼你在做什麼？你在尋求眞相證據，因此你強化這項信念：「我不確定眞相是不是眞的。」你在檢視創作並說：「嘿，你這項**不好的**創作消失吧，這樣我才相信這是眞的」，或「嘿，你這項**好的**創作出現吧，這樣我才相信這是眞的」。當你這樣做，全像圖中不會有任何改變，你也無法取回

重點

你不可能評斷創作，又想取回能力並同時瓦解模式。

能力或擴展。爲什麼？因爲你正繼續提供能量給限制你的彩蛋。你明白了嗎？如果不明白，當你選擇邁入第二階段，進入這個階段一段時間後，你就會明白。在第二階段，你的目標是發覺並眞正「了解」，全像圖中沒有一樣事是眞的，**你**擁有所有能力。強化幻覺**不是**第二階段的目標。

我跟全球各地的客戶和學生分享此事時，他們都了解這項概念，但是有些人這麼說：「我不喜歡我的現況。這是我想從金錢遊戲徹底解脫的原因。我當然想改變我的全像圖，當然想把它修改一下，當然想把它改善一下。我該怎樣解決這項衝突？」你也有這種想法嗎？我的答案是：你無法修改、改變或改善某項幻覺，那不是眞的，所以沒有什麼事要修改、改變或改善，一切都是鏡花水月。

從另一個角度來看，假如你設法依照議程取回能力：「我要取回能力，這樣就能讓收入增加爲兩倍。」或者「我要取回能力，這樣就能還淸債務。」或是「我要取回能力，這樣就能讓業績增加一倍。」假如你成功地創造所欲結果，你所做的只是用一個幻覺，交換另一個幻覺。你所做的只是用一項**受限**創作，交換另一項**受限**創作。你會不想這麼做，你想完全從金錢遊戲徹底解脫。你想讓自己不受任何約束或限制地進行人性遊戲。只要你想改變、修改或改善個人全像圖，只要你有議程、目標或期待某項結果，你就強化幻覺，讓幻覺增加力量，反而讓自己更難從金錢遊戲徹底解脫。

另外，你還可以考慮下列事項，讓自己不想設法改變、修改或改善個人全像圖。你在全像圖中創造的每項創作，都是獨一無二的奇蹟。其實一切都是虛構，是鏡花水月。不過，因爲身爲創造者的你如此有才能又有說服力，讓一切看似眞實。銀行帳戶餘額是五萬美元或五百美元，其實並無差別。百萬美元富翁並不比破產負債二萬五千美元還好。從金錢遊戲徹底解脫並接觸到自己原本無限富足的狀態，也沒有比進行第一階段遊戲和被困在財務限制中要好。

這些創作全都**不一樣**，但是從眞正的你這個擴展觀點來看，這些創作都一樣是了不起的創作。在電影裡，只有五美元的角色就比擁有幾千萬美元的角色差嗎？沒有。反正電影裡的角色都不是眞的，都是虛構的，這些角色擁有多少錢，這些金額也不是眞的。在你個人全像圖中的幻覺也是一樣。

所有創作都很完美，如果能量場中模式沒有獲得能量，這些創作就不會在你的全像圖中出現。不管你如何評斷這些創作，若不是擴展的自我依據絕妙計畫，故意把這些模式放到能量場中，在你的人生旅途中適時支持你，這些創作也不會出現。

對你而言，特定創作看起來**比較好**的唯一原因，是因爲你困在第一階段的觀點評斷它們，虛構有關它們的故事並讓自己信以爲眞。我知道或許現在你很難接受這種說法，不過這是眞相，所以你創造我來跟你分享此事。我先前說過，當你進行第二階段運作取回愈多能力，也讓自己日漸擴展時，我在此跟你分享的所有概念就愈來愈眞實。

當你進行第二階段運作，你的全像圖**將會改變**。你可能檢視這些改變，評斷它們變得**更好**。不過，眞相是你的人生並未變得**更好**。只是變得**不一樣**，而且這些差異讓你只爲了單純享受玩遊戲的樂趣，而進行不同的遊戲。當你取回夠多的能力，重新獲得自己無窮的智慧時，就會發現這一點——眞正的發現——並深切地「了解」此事（如果你承諾進行第二階段遊戲，你就能做到），這是你從金錢遊戲徹底解脫的信號！

這件事既微妙卻很重要，而且如果你承諾要進行第二階段遊戲，這是你必須跨越的

重點

你在第二階段能做到只因為想從創作體驗樂趣而說「我要創造某某事」時，這時候你就能創造它。不過，如果你還沒有完全感謝自己已經創造的事，或還會做出一些評斷，或者還有第一階段那種「希望」創造某件事的能量存在，那麼你創造的幻覺就**不會**在全像圖中出現。

一大障礙。如果你跟我和我的許多學生與客戶一樣，儘管知道，卻還是在許多情況下受到誘惑，想應用流程改變、修改或改善個人全像圖——而且你可能屈服於這項誘惑。如果發生這種情況，就順其自然，這並沒有什麼大不了。我先前解釋過，在第二階段你不會把自己的全像圖搞砸或犯錯。不過，如果你設法依據目的或設法改善、修改或改善個人全像圖，還想取回能力，就會發現這樣做根本行不通。然後，你繼續進行第二階段運作並擴展，這種想要修改、改變或改善個人全像圖的慾望，終究會自然而然地消失。

其他客戶和學生跟我說：「**聽起來**很棒，但是對我來說卻不實用。我有自己的生意，也必須專注數字、目標和成果。」或者：「我有工作，老闆期望我定期設定並達成目標。」不然就是：「我有經常開支也有家要養，沒辦法這麼隨性瞎混。」如果你這麼想，請先深呼吸一下，讓我提醒你一些真相，當你擴展更深入人性遊戲第二階段時，這些真相會

重點

如果你想從金錢遊戲徹底解脫，你不在意沿路上全像圖中的幻覺是什麼模樣，只是依據擴展自我的帶領，在機會出現時應用尋寶工具。

愈來愈眞實。以剛才舉的例子來說，我要提醒你：

- 生意並不存在。
- 數字並不存在。
- 目標或成果並不存在。
- 工作並不存在。
- 老闆並不存在。
- 經常開支或有家要養這些事都不存在。

一切都是虛構的，只是你的意識所創造出來的。除了你，沒有人有力量——任何人、任何事都沒有力量。你擁有所有力量，在第二階段擴展的自我會巧妙運用——以你的工作、生意、老闆、家庭和一切——支持你進行第二階段運作，並從金錢遊戲徹底解脫。

不管你是自己當老闆或是受薪階級，是失業、是單身、已婚有小孩或是其他各種處境，還是可以不必依據應辦事項、目標或投資特定成果，活在當下並以回應模式過活，利用尋寶工具從金錢遊戲徹底解脫。即使我自己擁有幾個生意，已婚有兩個小孩，而且小孩年紀還小，但是這麼多年來，我每天這樣做。在下一章，我會告訴你我究竟怎麼做，並且提供讓你可以依循的額外準則。在這方面，其實我的做法並不獨特。

現在我想跟你聊一下，當你使用這四項尋寶工具深入第二階段旅程的核心時，應有何期待。在此我先提出一個簡單摘要，之後再逐項詳述。

在第二階段應有何期待

一、期待有不舒服之感。

二、期待發生「奇怪的事」。

三、期待讓自己的**所有**核心信念受到挑戰。

四、期待時而感覺困惑、挫折、壓力太大和喪失判斷力。

一、期待有不舒服之感

最龐大的能量就藏在你覺得最不舒服之處。因此，爲了取回能量，在許多時候你一定感到不舒服，尤其是在第二階段旅程剛開始時，情況就是這樣。事實上，到時候你自己會知道，因爲你的意識會在你的全像圖中，創造一件或多件不尋常的事，讓你感到極爲不適。不適感就是第二階段的名字，現在你知道這是多麼棒的一件禮物。

在第一階段，我們對龐大不適的習慣反應是：

「我痛恨這個。」

「讓我離開這裡。」

「爲什麼這種事發生在我身上？」

「我現在沒辦法處理這件事。」

「滾開！」

……這些反應都支持第一階段的目標——限制並讓自己相信你跟眞正的你截然不同。在第二階段，這是你給自己的大好機會，讓你應用流程，從這些創作中取回能力，向徹底解脫點逐步邁進。

二、期待發生「奇怪的事」

人性遊戲第二階段的首要目標是：

一、取回能力。

二、讓自己知道，你在第一階段如何巧妙地欺騙自己。

三、支持自己記起眞正的你，其實你多麼有能力，你創造自己體驗的一切，連細節也包含在內。

爲了達成這些目標，就必須創造對你而言看似「奇怪」的經驗。究竟「奇怪」是指什麼？我最近從字典中看到一個定義：「驚人的怪異或不尋常特質；與眾不同的。」如果你是讓自己確信「你跟眞正的你截然不同」的無限存有，而且你突然開始讓自己知道「眞正的你及你多麼有能力」，你不認爲從第一階段的觀點來看，自己即將看到的事一定與眾不同、驚人的怪異或有不尋常的特質？沒錯，就是這樣！以我親身體驗及全球幾千名客戶與學生的經驗來說，看起來愈奇怪的事，就代表你爲自己創造愈大的擴展機會。

在下一章，我將跟大家分享許多故事，告訴大家這些事情看起來有多麼怪異。

你也會發現另一件事，因爲情況可能變得相當怪異，讓你心想事情是不是眞的發生在你身上，或者只是你憑空想像。根據我個人生活體驗和客戶在第二階段初期的經驗，每當你有眞相的重要體驗時，發現自己多麼有能力，自己竟然能創造並控制發生在自己身上的一切，這種體驗當然有超現實的一面。如果你有這種感受，請順其自然，過一段時間就會改變的。

三、期待讓自己的所有核心信念受到挑戰

如你所知，能量場中每一個限制模式裡都包含一項或多項信念，這些信念都不是眞的，都是虛構的。因此，如果你打算從金錢遊戲徹底解脫，就必須把曾經讓你困在限制

重點

你無法繼續相信自己在第一階段信以為真的事，又想從金錢遊戲徹底解脫，那是不可能的事，因為兩者是不能共存的活動。

中的每項核心金錢信念戳破，最後瓦解它們。一定要這樣做才行。

四、期待時而感覺困惑、挫折、壓力太大和喪失判斷力

如果你打算經歷第二階段的許多不適，看到許多奇怪的事，而且如果你原本信以爲眞的一切將接受極大的挑戰，你認爲自己有時候可能感到困惑、挫折、壓力太大和喪失判斷力嗎？

當然會這樣！

我現在回想起來都覺得好笑，但是我剛開始進行第二階段運作的第一年，有好多次仰望天空跟擴展的自我說：「你高估我應付此事的能力。情況太嚴重了，我無法處理，我需要休息一下。請讓這種情況停止吧，或讓我歇一會兒吧！」

好消息是，那些感覺就等於不適感，對吧？所以，如果你感到困惑，就應用流程。如果你感到挫折，就應用流程。如果你覺得壓力太大，就應用流程。如果你覺得喪失判斷力，就應用流程。應用流程後，你就完全融入無限能量中，不會感到任何不適。你會處在擴展狀態——直到擴展的自我引導你發現另一個蛋，或回到仍存有能力還未瓦解的蛋。

重點

擴展的自我比你更可能了解你自己。他（她）知道你可以處理什麼，絕對不會給你超過能力以外的事要你處理。即使你認為自己壓力過大或超越自我極限，其實你並沒有這樣，你**可以**處理眼前發生的事。只要確信自己一定會沒事，應用流程就好。

在第六章，我說過在你的完全體驗電影中扮演角色的那些人，在你的全像圖中有三種作用：

一、反映你對自己或自我信念的想法或感受。

二、跟你分享有支持作用的知識、智慧或見解。

三、讓某些事發生，在你的人生旅途中給你支持。

因此，擴展的自我會處理這些演員在你生活中的劇本，要求他們說出並做出各式各樣的事，支持你進行第二階段運作。因此，期待人們說出並做出各種奇怪的事、不一致的事或是不合身分的事——這一切都是要支持你進行第二階段的旅程。舉例來說，我的客戶南茜深入第二階段運作時，爲自己創造所謂的「地獄來的耶誕夜」，每一位家族成員要扮演相當瘋狂、不合身分的角色，而且是她以往**從未**看他們扮演過的角色。這項創作讓南茜有許多機會進行第二階段運作。

你可能受到誘惑想搞清楚爲什麼會發生這些事，或在你的電影中演員們所說所做，是支持三種作用中的哪一個。放掉這種想把事情搞清楚的慾望。如果擴展的自我要你從某個反省、知識、智慧、洞見或全像圖中某個演員發動的某件事中獲益，他（她）會讓這一點變得顯而易見，讓你清楚知道。你不必爲了此事而費心探索或絞盡**腦汁**尋找答案。只要運用四項尋寶工具，取回能力並擴展意識一起進行人性遊戲。其他的事就順其自然吧。

重點

第二階段與把事情搞清楚、邏輯或理智**無關**，而跟感受與直接體驗有關。**了解**是第二階段倒數第一名的獎項。

這是我對於第二階段最感激的事情之一。在第一階段，我設法讓自己的生活不要那麼講究邏輯和理智。這是充滿壓力的生活方式，讓我筋疲力盡，最後也不奏效（因為在第一階段中，沒有任何事情可以持續奏效）。進入第二階段後，我發現放掉理智、邏輯、別把事情搞清楚，只要跟著感覺走，這樣實在很放鬆又開心極了。我相信你也會有這種感受。

同前所述，人性遊戲第二階段的主要部分是，感謝自己為了欺騙自己做出那麼神奇的工作，創造幻覺讓自己信以為眞，以為自己跟眞正的自己截然不同。因此，當你從蛋中取回能力時，擴展的自我也會帶你步上巧妙完成奇蹟的旅程。在應用流程後，你會發現自己經常這樣喃喃自語：「原來我是這樣做的！我怎麼可能相信那種事？眞讓人驚訝！」

我無法告訴你對你而言，第二階段或徹底解脫流程究竟是什麼模樣，因為這件事因人而異。但是擴展的自我知道，你身為進行獨特人性遊戲的獨特無限存有，要如何徹底解脫。我可以百分之百地向你保證，如果你有勇氣、毅力、承諾和紀律，進行第二階段運作並堅持下去，即使這樣做令你害怕、不舒服和難以應付，你仍會愛上它。而且你最後在個人全像圖看到的這項轉變和內在體驗，將讓你佩服不已。

在我結束本章之前，我要提出兩項重點。首先，當你進行第二階段運作時，請溫柔地對待自己，給自己多一點耐心。你不必馬上精通尋寶工作的運用。如果你發現自己這樣說：

「我怎麼做都做不好。」

「我剛好有機會取回全部能力，但我只取回兩成能力。眞糟糕！」

「我絕沒有能力做這件事。」

「不管我多努力工作或嘗試，就是不奏效。」

「我做不到！」

你要認清這些聲音代表在第一階段奏效的限制創作，現在它們再也無法派上用場。

重點

千萬別低估「說服自己幻覺是真的，你跟真正的你截然不同」，這可是一項了不起的鉅作。

應用流程解決這些情況。你只要做自己能做的事，相信每件事都適當運作，不管發生什麼事或情況如何發展。不管表面上看起來怎樣，你總是把事情做得很恰當！

不管你幾歲，身爲無限存有，你用盡所有力量、創意、發明才能、聰明機智和巧思，說服自己幻覺是眞的，你跟眞正的你截然不同。你殘酷地毆打自己的頭，「物質世界是眞的，物質世界是眞的，我的活存帳戶是眞的，我的活存帳戶是眞的，我的確受到限制，我的確受到限制」，直到你完全相信爲止。你無情地讓自己從擁有無限能力，變成處處受限。現在，你必須扭轉一切，讓自己從處處受限，回到擁有無限能力。該是你花時間、精力、努力和紀律，扭轉一切的時候。爲此事做好準備。如果你判斷自己做得太慢，或覺得有太多事要做，或有別的事出現，讓自己休息一下或應用流程。

簡單講，你在第二階段：

- 遵照擴展自我的帶領。
- 等著看全像圖中出現什麼，或覺得自己受到啓發要做什麼。
- 當你覺得很感動，想要對所見事物有所回應時，就從工具腰帶拿出工具並耐心使用它們——記住別依照議程或想修改、改變或改善個人全像圖。

日復一日這麼做之後，某天早上醒來，你會發現自己全像圖中某件事改變了。或許以往讓你抓狂的事，現在卻令你發笑。或許以前你覺得討厭的人，突然開始親切和善地對待你。或許金錢開始從出乎意料之處**出現**。一開始，某一件改變了。然後，另一件也改變了。接著，又有別的事改變了。之後改變速率和數量開始加速，進入我說的「神奇領域」(miraculous territory)。但是一切都源自日常生活中有耐性、有毅力、客觀地應用尋寶工具。

對我來說，第一階段讓我筋疲力盡，太錯綜複雜，有太多選擇，太多工作要做，發生太多事，要分析、處理和管理太多細節。當我深入第二階段，我的喜悅感、平靜感和滿足感大幅激增（而且持續增加中）。你將為自己創造同樣的動力。

重點

在第二階段，你不主動讓事情發生或「證明成效」。你只是進行第二階段，當你這樣做時，雲霧會漸漸消散，陽光會逐漸展露，真正的你開始發光發亮。發生這種情況時，你的全像圖會自然而然地以驚人的方式自行改變。

讓我如此感謝第二階段遊戲的另一件事是，整個遊戲規則相當簡單！只要運用工具腰帶上的四項工具，而且你清楚知道什麼時候該用哪一項工具。你活在回應模式中，等著看全像圖中讓你受到什麼激勵或啓發你做什麼，或發生什麼事。然後你只要相信擴展的自我，並做自己受激勵或啓發的事，或是拿出並運用適當工具工作。你日復一日地這樣做，當你取回能力，你也擴展自己的智慧與富足。接著有一天，你抵達徹底解脫點，你已經取回足夠的能力，充分證實眞相也徹底感謝，於是你以目前無法想像到的方式徹底解脫，你的全像圖也改變了——自然而然且不費力氣。我會在第十三章中，詳述徹底解脫點究竟是什麼模樣。

現在，我想跟大家分享發生在我自己、我的客戶和學生身上，各種令人讚嘆的故事，藉此說明第二階段的生活可能是什麼模樣。當你準備好聆聽這些故事，請繼續閱讀第十二章。

重點

當你繼續取回能力並擴展自己的意識，那麼你迄今發現的一切將愈來愈真實，對真相的理解也將愈來愈深入。

12 過來人怎麼說

歷史不過是多數人認同的一套謊言。

——拿破崙一世（Napoleon Bonaparte）

你有兩種方式過活，一是堅信天下沒有奇蹟，一是把每一件事都視為奇蹟。

——物理學家愛因斯坦

當你準備好進入人性遊戲第二階段，若能聽到別人進行這趟旅程的相關消息是很有幫助的。不過，你必須從清楚觀點檢視這些故事。在第一階段，我們傾向於檢視別人發生的事並創造信念說：「情況就是這樣，我可能也會發生這種事。」我們在第一階段都接受這個信念，以他人的行為做榜樣是很有效的成功策略。如果別人做什麼，你也做什麼，你依照著別人的做法，就能產生類似成效。如果我們很尊敬仿效對象，真的想要這個對象看似擁有的東西，那麼這項信念就特別具有吸引力。

在第二階段，沒有任何信念能支持你。我跟你分享的一切，只適用於我，支持我這個獨特的無限存有以獨特方式進行人性遊戲，能量場中安置的獨特彩蛋，也是我的擴展自我為我特別放置的。我跟你分享我家人、客戶和學生進行第二階段旅程的故事，也是他們的擴展自我為他們特別設計，支持身為獨特無限存有的他們，以獨特方式進行人性遊戲，能量場中安置的獨特彩蛋，也是**他們的**擴展自我為他們特別放置的。

我可以跟你分享數千個我及家人、學生和客戶在生活中發生的第二階段故事。但是這樣既沒有必要，且終究無法對你產生助益。我想跟你分享幾個故事，說明要「期待什麼不舒服之感」，「期待第二階段奇怪的事」**可能**是什麼模樣，也利用幾個故事告訴你，當你開始讓自己知道眞正的自己，知道自己多麼有能力，是你創造自己體驗的一切（包括細節）時，**可能**是怎樣的情況。對你來說，有些故事可能看似重要，有些故事或許是小事或微不足道。不過這些故事都很重要，也都經過精心挑選，闡述我想讓你了解的特

重點

在第二階段中，發生在你身上的事跟發生在**別人**身上的事，絕對沒有關係。

定重點。

在我跟你分享的故事中，有些故事中的人名因為個人隱私考量而做更動，但是這些故事都是眞人眞事，並未經過任何潤飾。當你閱讀這些故事時，請把下列這段話牢記在心。這是莎士比亞劇作《哈姆雷特》(*Hamlet*)中，主角哈姆雷特的密友何瑞修看到鬼後，不認為鬼是眞的，跟哈姆雷特之間的對話：

何瑞修：啊，日與夜，這眞是個離奇之事！

哈姆雷特：就當它是陌生人般的歡迎它。

天地間無奇不有，何瑞修。

不是你的哲學能夠完全夢想得到的。

我想先跟大家分享期待第二階段不適感的故事，第一個故事是帶領我從金錢遊戲徹底解脫的一系列事件。在第一章，我說明過金錢遊戲的規則。在第一階段，我跟你一樣相信金錢遊戲的規則是眞的，相信幻覺有力量。因此，我在蛋中創造跟眞相恰好相反的強烈信念。結果，我創造相當穩固的核心信念，把下列事項當眞：

- 我擁有的富裕數量確實反應在我的帳戶餘額、收入和財務報表資產淨值數字上。
- 我的事業活動就是我個人富裕的眞實來源。
- 我從事業活動取得的富裕，跟下列事項成正比：我的產品和服務多麼優良、我必須提供多少數量、每項銷售的獲利能力、多麼精通行銷及宣傳說服人們購買產品與服務。

爲了強化「這些核心信念是眞的」這項幻覺，我創造自己親自參與透過郵購和網路行銷與銷售產品和服務，時間長達十八年。

舉例來說，因爲這些核心信念，我每天登入自己的網路銀行帳戶，檢查帳戶餘額，像老鷹般地觀察生意的銷售數字及其他財務評量。**生意好時**，銷售數字很不錯，我的帳戶餘額也持續增加，讓我很開心。**生意不好時**，銷售數字不佳，收入很少又有許多帳單要繳，讓我很擔心。如果趨勢不如我想的那麼有利，我會進入大規模的主動模式，讓某件事發生，讓情況有所改善。

先前我說明過，在第二階段，你的所有信念都會受到挑戰，然後這些信念會被瓦解掉，支持你展現眞相，展現無限富足的自然狀態。結果，當我進入第二階段，我創造下列幻覺並讓它們出現在我的全像圖中：

- 我旗下兩個事業的產品和服務之銷售額，幾乎降到零。多年來，這些生意一直很好，但是突然間一陣轉變，無緣無故就跟成功絕緣。銷售額跌到谷底。
- 爲了生意必須利用個人資源資助活存帳户，才能繳清帳單。
- 無法從生意上支付薪水或獎金給自己。
- 個人住家必須進行幾項昂貴維修和變更。
- 因爲個人生活方式產生的大筆經常支出，又無法從兩項事業獲得收入，再加上爲了資助而付出大筆開銷，這三項打擊讓我個人存款遽減。因爲我先前幾年存了相當多錢，所以不至於讓自己陷入險境，但是當我預估未來趨勢時，可想而知這樣下去終將引發災難。

你認爲我對這些創作做何感受？我可以用兩個形容詞摘要敍述：驚慌和恐怖。

藉由打開那些引發這種強烈感受的彩蛋，你認爲我給自己什麼禮物？取回龐大能量的機會。

那麼，你認爲我做了什麼？我整天、每天應用流程。每次我在家裡面走來走去（我的住家確實是我的夢想之屋），或在屋外踱步、看著美麗景色，我想像如果錢繼續這樣流出，自己必須賣掉這幢房子。每當我在早上送孩子們到私立學校上課，看著他們進入學校，我就想到自己無法支付學費，必須讓他們轉念別的學校。那是孩子們（跟我老婆）都很喜歡的學校。先前我生意倒閉時，家父在他的銀行爲我連署保證申請貸款，把我保釋出來，我想像自己羞愧地跟他說，自己又搞砸了。我也想像到，那些成功企業家、作家和教師等友人與同事發現我的失敗時，我感到多麼羞愧。這些災難情境在我的想像中一再延伸。

我每天登入網路系統帳戶許多次，檢查業績報告，希望看到一些錢進來。但是，所得流量持續減少。我每天必須觀察營業帳戶金額的進進出出，要繳交哪些帳單，這樣才能確定自己能及時把錢從個人帳戶轉存到營業帳戶，避免這兩個生意開立的支票跳票。

你知道我多麼巧妙地欺騙自己，爲自己強化金錢遊戲的幻覺嗎？第一階段運作就是這樣。

因爲這一切不適，我經常每天應用流程三小時，有時候甚至更久。你可以看出這種密集程度。如同我在前一章所說，有時候我應用完流程後，進入擴展並喜悅的狀態，但是幾秒鐘或幾分鐘後，害怕和恐慌感再度升起。然後，我必須再次應用流程。有時應用完流程後，我可以暫時得到解脫，直到檢視帳戶餘額或發現業務報表上業績爲零時，情緒又被擾亂。

我說過——個人事業富裕跟身爲生意人和行銷人士的技能，以及讓事情發生的能力成正比——是我的核心信念之一。因此，想脫離絕望並停止金錢不斷流出，我馬上回到主動積極模式，爲自己的各項產品和服務推出一系列行銷活動。但是宣傳活動全告失敗，不然就是無法產生足夠收入造成影響，結果情況反而愈來愈糟。

理智上，我知道第二階段，我知道自己在先前章節跟你分享的一切。但是如同我在第十章所說，了解和知道眞相還不夠。我必須從以往限制我的彩蛋中取回能力。爲了取回能力，我必須打開那些彩蛋，感受到極大的不適。而且爲了確切感到不舒服，我必須創造我所體驗的那種幻覺。

驚慌和恐怖最後轉變爲憤怒。在第一階段，我在成長期間和成人生活中，創造許多高潮與低潮及許多痛苦與掙扎的幻覺。我也創造許多看似讓我迅速成功最後卻毫無進展的創業機會。當時，我認爲自己被戲弄了。結果，我創造更強的信念，我認爲這個世界跟我作對，用盡一切機會作弄我，讓我事事不順，看到我侷促不安就很開心。我知道這樣說，聽起來很可笑。但是在第一階段創作手段中，我眞的讓自己相信這是眞的，我也爲此感到生氣憤慨。結果，這些蛋在重要時機被打開，與其相關的所有不適感像消防栓的水柱般開始溢出。

一天中有好多次，當我檢視自己不同帳戶的餘額，發現餘額數字愈來愈少，我應用流程，然後應用迷你流程說出眞相並告訴自己：「那些數字在那裡，看起來如此眞實，那是我的力量及我的無限富足狀態在運作。這一切都是我的意識所創造，都不是眞的！」我日復一日、一再地運用讓自己相信第一階段謊言的兇猛行爲，提醒自己眞相爲何。

同時，我這兩個生意幾乎沒有進帳可言。我的個人經常開支相當高，還用個人資金彌補生意虧損。後來，我創造另一個幻覺，我的住家需要進行一連串重大維修或必要更動，需要龐大開銷。舉例來說，我創造這個幻覺——我家屋頂漏水，兩家屋頂裝修公司告訴我，屋頂太破舊了必須換新屋頂，費用是四萬美元。我還創造另一個幻覺——我家一樓地板到地面的空間有積水發霉問題，必須重新安裝廢水發霉清除系統，要花一萬三千美元。財務壓力的幻覺持續出現。

這樣繼續下去，我觀察到自己所有的核心信念，那些在第一階段讓我最受限制並引發我最多痛苦的信念，都受到挑戰。這種情況持續八個月。有時候我確實感到相當喜悅平靜，事情平穩發展的那些日子就是這樣，但是絕大多數時間，都是感受很強烈又很不舒服。不過我下定決心踏上第二階段的旅程，而且要從金錢遊戲徹底解脫，所以我每天遵照承諾，生活在回應模式中，運用四項尋寶工具，應用流程到每件事，包括我對擴展自我和這個世界感到氣憤不已，擔心自己的生意再度倒閉，可能引發痛苦和羞愧時，我也應用流程。

或許你猜到，花那麼多時間和精力讓第二階段運作，卻發現事情沒有任何改變，或者情況並未**好轉**，讓我更生氣。「現在出來吧，」我對擴展的自我尖叫，「我在這裡工作，你知道我一心一意地做，已經八個月了。現在總該有**什麼**改變。」但是沒有任何改變，我也沒有從能量場中限制我的彩蛋中取回什麼能力。

有時候，我準備要放棄了，有時我質疑自己是不是瘋了，有時我懷疑第一階段和第二階段的一切，究竟何者為眞、何者為假。「取回能力，擁有無限能力、智慧和富足」是眞的，或者我只是強迫自己進入瘋狂的新信念體系。有時我**沮喪**到跟擴展的自我說：「我放棄。不管是不是無限存有，是不是無拘無束地進行人性遊戲，如果這是我的人生，那就順其自然，我不想再玩了。**現在**就給我一項突破，不然就設法讓我離開這個鬼地方。我已經受夠了。」

但是我知道這件事攸關利害，知道不管付出什麼代價，我都想徹底解脫，想無拘無束地進行人性遊戲，所以儘管那些以第一階段爲依據的抗議和無益感受一再出現，我還是繼續進行第二階段運作，繼續從應辦事項和想改變、修改、改善全像圖或想再次獲得金錢流量中，取回我的能力。然後，進行第二階段運作一年後，我開始發現自己的全像圖中出現一些改變。我發現驚慌感和對生意再次倒閉的憂心開始減少，後來完全消失。我發現自己不再像老鷹般觀察營運數字，也**絕對**不相信它們是眞的。我注意到自己改變了，我依據樂趣做出工作相關決定，而非依據什麼事能讓我賺錢或別人對我的期望來做決定（我會在下一章利用許多篇幅詳述這項轉變）。另外我也注意到，自己感到更喜悅平靜。事實上，因爲我看起來似乎很快樂，我太太開始對我做鬼臉問我最近發生什麼事。當時我並未跟她討論任何有關第二階段運作的事。我自己一直默默地做。至於要不要跟「別人」討論第二階段，這件事留待第十五章做說明。

我也開始發現，自己創造出對我更友善、更體貼、更尊敬、更感激的友人和陌生人。然後我開始注意到，自己創造更多人**接近我**，提供我演說機會。有一次，我只花兩分鐘就賺到二十一萬美元，我會在後續章節詳述此事。另外，我也創造一些人突然出現，主動要求是否能向他們的顧客宣傳我的產品和服務，雙方分攤利潤，以行銷術語來說就是所謂的共同投資。我接受幾項共同投資，也獲得以金錢形式表達的龐大感謝。突然間，很多客戶找我諮詢指導，錢從各式各樣的來源不斷湧進，完全出乎我意料之外。那一個會計年度，我的事業業績和獲利紛紛創下新高記錄。

儘管發生這麼多看似**好消息**的事，請了解在第二階段，業績和獲利創新高記錄並沒有任何意義，數字不是眞的，我當時檢視這些數字時也不認爲它們是眞的，不認爲它們有任何意義。重點是，在我的完全體驗電影中，人格面具不帶任何意圖、慾望或主動努力，就讓富足幻覺出現在我的全像圖中。更重要的是，回應這所有機會是一個讓人放鬆、喜悅又很快樂的體驗——我稱之爲「生活方式友善體驗」。許多人在第一階段創造相當賺錢的機會，但是我們討論過，充分**利用**這些機會時，終究會讓人付出**極大**的代價。

透過這一切體驗，我向自己展現其實我多麼有能力，也讓自己體會一下第二階段究竟可能發生什麼事。如同我在前一章跟大家分享的事，在我看到全像圖中出現這些創作前，有很長一段時間都生活在回應模式中。我並未設定目標，也不想要什麼成果或應辦事項，只是活在當下，做自己受到激勵想做的事，做自己覺得有趣的事，並進行第二階段。當我取回足夠能力也將能量場中模式瓦解時，所有改變就出現了。第二階段就是這樣運作。

幾個月過去了，我的強烈體驗終於減緩，不再因爲讓我受到束縛的經驗而頭痛。爲什麼？因爲我已經取回足夠的能力，再也不需要那種強烈感受。然而我依舊提供自己許多機會，每天進行第二階段運作。我繼續這樣做，繼續擴展並更加展現眞正的我，也繼續目睹自己以不帶任何意圖或行動的方式，讓許多驚人與鼓舞人心的創作出現在我的全像圖中。

有時候，我突然有靈感想採取一項或多項行動，我會憑著靈感去做，接著就會出現驚人創作。對我而言，生活變得愈來愈有趣——而且從行動力和努力的觀點來看，生活愈來愈輕鬆。對我來說，我迄今跟你分享所有概念變得愈來愈眞實，也以自己從未想像過的方式，對這些概念獲得更深入的了解。不久後，我就抵達解脫點，這部分我會在下

重點

從金錢遊戲徹底解脫跟透過事業、工作、投資或遺產等傳統管道，創造讓自己更有錢的幻覺無關，雖然你選擇這樣做，當然可以創造這類幻覺並從中獲得樂趣。不過金錢遊戲徹底解脫是跟展現**無限**富足和創造機會有關。無限就是無窮盡，是無法衡量、追查或計算之物，你閱讀下一章就會知道。

一章詳述。

請記住我剛才描述的，只是我創造用於支持自己徹底解脫的事。這是爲了回應自己在第一階段時於能量場中放置的限制模式和彩蛋。這並不是徹底解脫所需的規則或公式，不表示你也要選擇這樣做。雖然你可能選擇這樣做，支持自己徹底解脫，但並不表示你該期待所有「災難」發生在你身上。你會創造最能支持你的體驗，讓你這位獨特的無限存有進行獨特的人性遊戲。

也請你記住，我爲了**永遠**從金錢遊戲徹底解脫，在自己的生命中創造一年半的**嚴重痛苦**。如果你選擇創造類似**強烈**和**痛苦**程度的幻覺，或是更**強烈**、更**痛苦**的幻覺，爲期一年、兩年，甚至五年或十年，如果你能永遠且徹底地展現自己無限富足的自然狀態，這樣做難道不值得嗎？

你最好相信此事！

你認識（或你知道）有多少人開始存錢、投資、爲退休做規劃，或在二十歲時創造財務獨立？你可能就是這樣做。一般人持續這股趨勢並努力工作，通常做自己不喜歡的事，直到六十五歲爲止——四十多年的時間。而且在大多數情況下，經過那麼多年的工作後，大家還**無法**達到財務獨立的目標或過著舒適的退休生活。對我而言，不論要花多少星期、多少個月、多少年的時間才能徹底解脫，一切都是值得的。而且跟第一階段和金錢遊戲不同，如果你進行第二階段，你**將會**徹底解脫，也**將會**展現自己無限富足的自然狀態。

我在英國的客戶普拉文·卡帕迪亞（Pravin Kapadia）參加金錢遊戲之徹底解脫現場活動後，進入第二階段時創造出截然不同的體驗。他先創造自己的業績和獲利看似暴漲。之後，他創造自己成立新事業部的幻覺，創造爲了推動新事業引發核心事業現金流量出現嚴重問題的幻覺。當時他經營的核心事業依舊健全，生意也很不錯（不像我的生意一敗塗地），但是他爲了支持自己進行第二階段的運作，創造出一個暫時的壓力情況。卡帕迪亞在寄給我的電子郵件中寫道：

> 我明白擴展的自我給我機會，從自己金錢狀況的不適感中取回能力。我一直使用流程從**財務危機**中取回能力，經過一段時間後，現在驚人的改變發生了，雖然緩慢卻眞的發生了。爲了從個人財務不適取回能力，還必須做更多事，但最重要的是，我完全信任擴展的自我，而且他顯然巧妙管理我的財務狀況，支持我進行第二階段的運作。

以下是蘿莉・麥克勞德（Lorie McCloud）自述她進行第二階段的故事：

我是全盲人士，但我不認爲那是大問題。眞正的問題在於，我的生活似乎一團糟，尤其是財務狀況極差。在十幾、二十歲時，我很想自殺。當我發現有辦法從金錢遊戲徹底解脱時，即使知道自己已負債，必須刷卡付款，我也趕緊報名參加研習會。

經過一個月認眞進行第二階段後，我開始看到改變。一則是，知道如何應付我體驗到的負面想法和感受，實在好極了。我奮力迎擊這些情緒，然後將其中的力量一點一滴地去除掉。

首先發生的事是，我嘗試在家裡做網路生意，結果生意失敗也虧掉更多錢（原本我不必虧這些錢），而且我必須應用流程，處理這件事引發的所有羞愧和無能感。然後，我突然收到社會福利局的信告訴我，每月津貼增加。雖然津貼增加不多，但是就是這個至少「有增加」（原本絕不可能發生在我身上）的構想，代表通往富裕的所有障礙都被移除掉。

重點

全像圖中**沒有什麼東西**是真的，包括社會福利局這類政府機構也不是真的。一切都是意識的創作，因此可以依照擴展的自我之意圖塑造。

住在東京，參加過第二階段指導課程的客戶麥克・洛恩（Mike Roan），跟我分享他進行第二階段的故事：

我休完假搭乘夜班飛機，在一大清早回到日本，再搭火車回東京，後來車上擠滿趕著上班的通勤族。當時我好累，在飛機上人不舒服又睡不好，在火車上一下子就睡著了。到站時，我半睡半醒地拉著行李箱穿過擁擠人群下車。火車開走時，我才驚覺自己把手提行李留在火車座位上方架上，行李裡面有護照跟其他貴重物品。我馬上向鐵路局人員呈報遺失物品，他們表示會盡全力追查。

當時我焦慮到坐立難安。漸漸地，我開始明白，就像住在別的國家的異鄉人，我花很多、力氣在文件上，例如：申請護照和工作簽證。其實，我的安全保障和生活方式似乎都仰賴持有那些文件！

回到家後，我還很擔心。後來，鐵路局打電話來說，他們找遍車箱都沒有發現我的手提袋。後來我知道我唯一能做的是，從這些事項及在我生活的重要性中取回能力。所以接下來我花幾個小時，不設法找回文件，只是從我的信念和不適感中取回能力。有趣的是，當天下午我又接到鐵路局打來的電話說，他們找到我的袋子了，而且裡面的東西原封不動，所有東西都還在裡面，請我過去拿回來！有機會取回能力，這是多麼棒的禮物啊！

我太太塞西莉選擇以一個驚人且極爲強烈的體驗，讓自己開始進入第二階段。我先爲這個故事鋪陳。塞西莉跟我有兩個小孩，女兒艾莉（Ali）七歲，兒子艾登（Aidan）四

重點

全像圖中出現一項創作支持你進行第二階段工作時，這項創作只會待到支持你完成工作為止。一旦你工作完成，這項創作就會消失，因為沒有理由繼續存在。

歲。當時我們還養莫莉和裴瑞這兩條狗。女兒念的學校裡有一隻天竺鼠名叫可可餅，學生可以把牠帶回家照顧，天竺鼠可可餅在我們家待過兩週。把可可餅放出來玩時，我們總是小心地把我們家養的狗兒關到另一個房間。我們家有一位年輕幫手莎莉（Sally），她身兼保母和私人助理。最後，塞西莉讓自己進入第二階段的那個晚上，我剛好舉辦爲期四天的現場活動。當天是活動第二天，與會者總會來我家晚餐聯誼。莎莉負責餐點，等餐會開始後，小孩就交給她照顧。

當天下午，塞西莉參與活動擔任學員時突然接到電話，是莎莉打來的緊急電話，要塞西莉回家，因爲狗狗莫莉鬆脫狗鏈，攻擊並咬死天竺鼠可可餅。你可以想像得到，這件事讓塞西莉有多麼不舒服。「喔，不會吧，」她想，「晚上大家都要到我們家，結果房子裡死了一隻天竺鼠！」之後，這個想法和感受繼續擴大，「我必須打電話跟學校說，我們殺了天竺鼠。幼稚園裡那些認識並愛護天竺鼠可可餅的師生，一定會悲痛欲絕！」

但是這項創作還不止這樣，我們讓天竺鼠可可餅進家門前，已經先跟女兒艾莉說過，養寵物是一個要認眞看待的重大責任。塞西莉後來創造艾莉因愧疚痛打自己說：「我絕不可能再養寵物了，我不夠負責任，不夠負責任……」艾莉邊哭邊跟自己說。

但是這項創作還不止這樣。一小時後，與會成員都到我們家了，餐會開始了。當天晚上，塞西莉聽到莎莉和孩子們在樓上出現奇怪聲響。起初她不在意，但是還繼續聽到奇怪聲音，所以上樓看看究竟怎麼回事。當她走進樓上浴室時，看到莎莉昏倒在地上，艾登脫光衣服站在浴缸裡，冷水不停地流著。艾登一直叫著「莎莉，莎莉」想把她叫醒。那就是塞西莉先前一直聽到的奇怪聲音。結果，原來是莎莉幫忙弄餐點時喝太多酒了，而昏倒在地——**在上班時**。當時，這件事我全不知情。塞西莉不想讓餐會掃興，所以沒告訴我。莎莉在我們家幫忙四個月了，她有這種行為真的很不尋常。

塞西莉看到莎莉昏倒在地上呻吟著，全身發抖的艾登在浴缸裡呼喊莎莉，還有天竺鼠也死掉了，一個巨大的蛋為塞西莉打開了。「喔，我的天啊，」塞西莉心想，「一直以來，我這麼相信這個女人，把孩子交給她照顧！薛弗德跟我還去倫敦一週，讓她跟孩子單獨在家。原來孩子交給她照顧這麼不安全！喔，我的天啊！我們不在時，孩子可能受到傷害或被害死！明天我參加活動時，莎莉又會到我們家。如果那時候，孩子發生什麼事怎麼辦？她已經害死一隻天竺鼠，又讓艾登自己待在浴缸裡……」

塞西莉開始應用流程，當有關孩子處於險境的巨蛋中不斷地流出能量，她持續應用流程三週。這整個幻覺（我提醒你把它看成是由超高技巧演員在全像圖中扮演的幻覺）是一個巧妙精湛的創作，讓塞西莉有機會從生活中一直困擾她的「外在力量」彩蛋中，

重點

在你的全像圖中出現的人都是演員，他們的言行都是依照你的要求，所以合不合乎身分這種事根本不存在。他們只是依照你的要求去說、去做。

取回龐大能力。結果，我們決定解雇莎莉，塞西莉並未參加後續幾天的現場活動，接下來那一個月，她應用流程處理她的創作引發的所有感受。

住在奧地利維也納的布莉姬塔·紐柏格（Brigitta Neuberger）參加金錢遊戲之徹底解脫的活動。她搭機來參與活動，計畫在活動後回家前，順便在美國四處遊歷。活動第一天晚上，她創造把皮夾遺失的幻覺。皮夾裡有現金、信用卡、機票和護照。她告訴與會成員這個**悲劇**時，顯然處在驚慌狀態。「沒有那個皮夾，我就麻煩大了。活動完就不能繼續旅行，活動期間也沒錢吃飯，也不能回家。我找遍所有地方，飯店房間、會場、車子裡、所有去過的商家和餐廳，就是沒找到皮夾。」

我知道紐柏格創造遺失皮夾的幻覺，給自己第二階段的絕佳禮物。「眞是傑作，」我跟她說。「你創造這個幻覺，送給自己一個很棒的禮物。明天你會發現稱爲流程的工具。

運用它，接著只要耐心觀察。你的皮夾會以某種奇怪方式再度出現。皮夾並未真的消失，只是你創造它消失的幻覺，支持自己取回能力。」正是如此，兩天後紐柏格帶著燦爛笑容進入會場告訴大家，早上她開車時前面那輛車突然停下來，她緊急煞車時，看到皮夾從前座下面掉出來。「我知道自己在前座下方找過不止一次，」她向大家保證。

接下來，我們要看看第二階段「期待發生奇怪的事」這個層面的一些故事，也了解創作如何出現在你的全像圖中，讓你知道自己其實多麼有能力，其實你創造自己體驗的一切，連細節都包括在內。在本書〈導論〉中，我提到我在這本書裡跟大家分享的一些事，聽起來可能像科幻小說。當你閱讀下列故事時，請把這項提示和你迄今所學的一切牢記在心。

我的客戶丹恩·卡布瑞拉（Dan Cabrera）住在伊利諾州，他參加金錢遊戲之徹底解脫現場活動後回到家，寫了這封信給我：

> 我搭車回家途中發生不可思議的事。從道路標誌到跟其他旅客的驚人交談，一切都跟徹底解脫有關，一路上我不停地從擴展的自我獲得證實。當我回到家時，擴展的自我馬上送給我兩項創作，造成我極度不適：

一、我女兒因爲跟三位好友意見不合，而失去三位摯友。

二、我在聖地牙哥的弟妹正面臨重大財務困境。

我記得你說的話，所以我受到激勵跟自己說：「來吧！」我開始應用流程。隔天我進辦公室檢查電子郵件時，我眞的覺得自己接受很棒的支持。在此，我引用學校系主任給我的電子郵件内容做說明：

丹恩：

我們需要開發線上課程用於大學新課程中，而且要在二〇〇六年秋季班開課前準備妥當。我們需要開發下列線上課程。另外，我們也正在找有興趣教導這些課程的教師。線上課程開發者與教師是同人或不同人都沒有關係。

以下我列出所有課程，但我認爲你很適合 UHHS 410 課程，這跟你以前教過的 AHPH 課程類似。開發這門課，學校會支付三千五百美元薪資。去年夏天，學校有一群老師已經把這門課的大綱列出，你可以依據大綱開始進行。

我們希望在二〇〇六年秋季班或二〇〇七年春季班開這門課。你可以盡早開始作業。你有興趣開發這門課嗎？你有興趣教這門課或名單中的其他課程嗎？

我在徹底解脫活動開始前填妥的作業計畫表中，我表達想再當教育家的願望，也想奉獻時間開發線上創新教學課程，提供給大眾使用。以你的話來說：「讚嘆效應」發生了，而且才揭開序幕。

住在東京，參加過第二階段指導課程的客戶麥克・洛恩，也跟我分享他進行第二階段的故事：

最近我待在我姊姊家度假，她有一套數位光碟影片是由英國博物學家大衛・艾登堡（David Attenborough）拍的《生命之源》（*The Living Planet*）。我觀賞這些影片時，眞的覺得全像圖中出現各式各樣生物的壯麗而大爲讚嘆，而且我是從第二階段的觀點去看。這個地球是如此不可思議的創作，我能利用這麼多生物、現象和美景，創造如此驚人細節，眞是讓我讚嘆。

我的客戶黛柏拉．曼達斯（Deborah Mandas）是一名牙醫師，她參加金錢遊戲之徹底解脫的現場活動，在跟同組成員一起晚餐時，爲自己創造有趣的第二階段體驗。在晚餐前，曼達斯翻開皮夾看，裡面還有三百美元。不過，等到晚餐後要**付帳**，她再打開皮夾時，卻發現裡面有五百美元。「我確定之前皮夾裡**沒有**五百美元，而且我沒有算錯，」她說。

金錢遊戲之徹底解脫現場活動的另一名學員麥可．哈克特（Michael Hackett）創造下列體驗告訴自己，其實他多麼有能力，也說明了「他創造自己所體驗的一切」這項事實：

昨天晚上我們有六位學員一起吃晚餐，因爲我的財務狀況和一些其他原因，我跟七十歲的父親同住。我跟父親的感情很好，我很敬愛父親。晚餐時，我打電話跟他說：「父親節快樂，」他說：「你絕對猜不到，我買了什麼東西。」

「買了什麼？」我問。

「一部 Corvette 跑車，」他說。

「你是說，你買了一部 Corvette 跑車？」

「那還不是最精彩的部分，」他說，「你猜我花多少錢買的。」

「什麼！」

「一百美元。」

原來家父在三個月前跟公共電視台買了一張抽獎券，他們剛打電話通知父親，贏得二〇〇五年份的 Corvette 跑車。家父先前膝蓋受過傷，身高一百八十幾公分的他，很難把腿彎曲，所以他不能開一般汽車，而是開小貨車。我替他感到高興，所以我很開心。我說：「你打算怎麼處理這部 Corvette 跑車？」

「喔，我打算換成現款。」

「是多少錢？」

「喔，至少有四萬美元，可能更多，」他說。

就算那些錢我一毛也沒看到，也沒關係。整件事就這樣憑空出現。從第二階段的觀點來看，我明白沒有抽獎這件事，沒有抽獎券這東西，我父親也沒有持有抽獎券三個月。我突然告訴自己：「哈克特，你創造整件事！你創造這整件事，包括父親獲得抽獎券的故事。」我眞的知道自己多麼有能力，也知道整個遊戲如此讓人驚嘆，眞過癮！

跟哈克特一起共進晚餐的另一名學員，對 Corvette 跑車一事做了額外補充：

我在那裡體驗到這個故事，實在讓人驚嘆，因爲我們都覺得這個故事要告訴我們一個重大訊息。後來發生另一件事。哈克特向我們坦承他自己的財務狀況。其實，當時哈克特很缺錢，他打電話給父親後，服務生送上啤酒時，竟然又給**哈克特**一杯啤酒並說：「剛好最後一杯，所以這杯免費。」

所以，我們聽完哈克特的跑車故事後，大家都看著他，接著他就拿到這杯免費啤酒。而且我們心想：「哇，讚嘆效應已經發生在他身上。」十五分鐘後，服務生又回來宣布，他們還有更多啤酒，如果哈克特還想喝的話還可以點——但是這回可必須付錢。

因爲這個故事跟我和現場活動學員有關，所以我做出下列回應：

除了開心，還要了解其中的重要性。餐廳不存在，服務生不存在，啤酒不存在。哈克特創造那是最後一杯啤酒的幻覺。因此他創造服務生提供他免費啤酒的幻覺。

你看過哪家餐廳因爲東西剩下所以免費供應？不合理啊。但是，服務生只是照著哈克特要求去說去做的演員，所以不需要合理，只要支持哈克特進行第二階段運作就行，而情況正是這樣。

有趣的是，哈克特從小事情開始。隨著時間演變並取回更多能力，當他愈來愈**清楚**自己可能做什麼，他爲自己創造的各種事物將會拓展。一旦你有足夠經驗，知道自己其實多麼有能力，就不會否認我跟你分享過的一切是眞的。

英國客戶傑夫・普里斯特利（Jeff Priestley）寫信跟我分享他的故事：

那是週日早上，我在看電視影集《奇異果女孩》（*Gilmore Girls*），那是我最喜歡的影集。節目從早上十點開始播出。才看十分鐘，我老婆就說已經幫我放好洗澡水。我上樓泡好澡，刮好鬍子，穿好衣服，弄東弄西大概花了三十分鐘。不過，下樓時看看時鐘，怎麼才十點十五分。我很訝異，看看屋裡其他時鐘，一樣都是十點十五分。影集還繼續播出，我沒有少看到什麼。眞是讓我訝異，我繼續觀賞其他四十五分鐘的節目，把那一集看完。我想時間是我到目前爲止最大的限制及信以爲眞的幻覺之一。擴展的自我顯然不這麼認爲。

我太太塞西莉爲了告訴自己，自己多麼有能力，創造另一個驚人體驗。她跟女兒艾莉開車出遊，這是一趟長途旅程。兩人都累了，決定晚上先找地方過夜休息。塞西莉開始在高速公路上找飯店標示。不久後，她看到標示，循著出口開下高速公路。出口盡頭有一個標示寫著，漢普頓旅館向右走三分之一哩。塞西莉向右行駛三分之一哩，卻沒看到旅館，再開半哩路，還是沒看到旅館，又開兩哩路，仍舊沒看到旅館。

她往回開兩哩路,停在加油站詢問旅館在哪裡。「右手邊三分之一哩,你不會錯過的，有很大的藍色和紅色招牌，」加油站員工跟她說。所以，塞西莉開出加油站，往右再開了三分之一哩，又開二分之一哩，再開兩哩路，還是沒看到旅館！起初，她覺得很挫折，但是她從中取回能力，最後也想起自己是在第二階段而開始發笑。她開回高速公路又開一段路後，發現另一個出口也有旅館。她再次依照指示，卻沒找到旅館！旅館**應該**在那裡啊，但是在她終於找到旅館前，這件事重複發生四次。

那麼我問你，全像圖中的**任何事**是眞的、是可靠的或無變動的嗎？

不是的！

我到華盛頓首府出差開車回家的路上，也創造類似幻覺。我問飯店管理員怎樣開回我回家必須走的高速公路。飯店管理員給的指示很簡單。我依照最初幾項指示去做。沒有問題。接下來的指示是：「開八哩路看到出口九，在出口九下去。」我開了又開，看到出口七、出口八、出口十。沒有出口九！我又開了一會兒，在出口十三處下去迴轉走回高速公路。然後，我看到出口十二、出口十一、出口十，接著是……出口八。又沒有出口九！因爲我在第一階段時，創造時常迷路的模式，所以我開始感到受挫並應用流程。

後來我又在高速公路上一再地迴轉，最後開到雷根機場，讓我氣急敗壞。我應用流程，最後搞清楚如何開出機場回到高速公路時，又發生同樣的事——出口七、出口八、出口十，沒有出口九！現在，我創造三次沒有出口九的幻覺。在我終於看到出口九，能夠開離高速公路回家前，又再經歷兩次同樣的狀況。現在，你可以跟自己說：「是你迷糊！出口九一直在那裡，你只是錯過了。」首先，我一點也不迷糊，即使我可能錯過一次，卻不會錯過五次，尤其是先前錯過幾次後，之後可是相當小心。

那麼我問你，全像圖中的**任何事**是眞的、是可靠的或無變動的嗎？

不是的！

我指導的另一位客戶隆納德‧薩文（Ronald Saven）打電話告訴我，他的驚人創作讓他邁入第二階段。他跟我說，他安排好把五萬美元從自己的某個帳戶轉到另一個帳戶。第二個帳戶餘額爲一千美元。隔天他查看第二個帳戶的餘額時發現，餘額竟然不是五萬一千美元，而是十萬一千美元！他憑空創造了五萬美元——反正其實只不過是錢和數字罷了！事實上，銀行不存在、五萬美元不存在、轉帳這件事不存在，後來出現的十萬一千美元也不存在。一切都是虛構的，都是幻覺，只是薩文自己設計的傑作，讓他知道其實自己有多行，全像圖其實多麼可變——依照意識操控。

現在從第一階段觀點來看，可以輕易這麼說：「這沒什麼，這是完全可以理解的事。這只是銀行在轉帳時出錯了，銀行會發現錯誤，把錢要回去的。」你可以選擇這樣解讀此事。不過，薩文跟我選擇從第二階段的觀點詮釋這件事，也可以做出適當解釋。薩文在能量場中爲五萬美元、轉帳和第二個帳戶的十萬一千美元，創造出一個模式。然後提供能量在全像圖中出現十萬一千美元的幻覺並信以爲眞。附帶一提，薩文寫信給我時，那筆額外的五萬美元還在他虛構的帳戶中呢。

那麼我再問你一次，全像圖中的**任何事**是眞的、是可靠的或無變動的嗎？

不是的！

先前我在本章跟大家說過，我在兩分鐘內創造二十一萬美元。現在，我要告訴大家那究竟是怎麼回事。故事要從我才剛進入第二階段的經驗開始說起，我的友人藍迪・蓋吉（Randy Gage）邀請我到墨西哥坎昆市全國演說者協會（National Speakers Association）大會演講。我應邀主講我爲推銷高價商品網站開發的行銷模式。那場演講我並沒有拿到任何費用，只不過主辦單位幫我支付所有開銷。蓋吉跟我說：「通常全國演說者協會大會上不能賣東西，但是這一次，如果你想在台上推銷產品或服務賺一點錢，你可以這麼做。」

我知道對於與會的專業演說者，我的行銷模式能發揮神奇功效，而且我也很興奮自己有機會跟他們分享細節。反正，我並不是想賺錢。賺錢並沒有錯，只不過當時我的動機不是要賺錢，因爲我已經完全融入第二階段運作。我搭上飛機前往會場，沒有推銷任何東西的意圖，只想把必須分享的事跟大家分享，享受演說的樂趣並順其自然。不過當我抵達那裡，我開始想著：「或許教導一些人應用這個模式也很好玩，因爲我喜歡這樣做。」所以，我趕緊製作文件概述我可以提供一年的指導方案，也訂定金額做爲跟我共事要表達的感謝（當時我仍然稱之爲投資）。當時我靈機一動，想到整個課程要收取一萬七千五百美元。以往我從未開設這類指導課程。我只是受到激勵要這麼做。我不在乎是不是有人報名或有一百人要報名，只覺得要這麼做。記住，生活在第二階段就是這樣。

我發表三小時的演說，把自己所知和與會者分享。後來演說結束時，我受到鼓舞提出指導課程，所以我只是這麼說：「如果你們當中任何人希望在未來一年內接受我的協助，執行你剛才發現的一切，我有開設指導課程，報名表在這裡。」結果，大家向我圍過來！大家像搶千元美鈔一樣搶奪報名表。報名人數超出我能接受的範圍，但是我接受十二位報名者，我覺得幫助他們應該很有趣。所以這十二名參加課程的成員以二十一萬美元（金錢形式）對我表達感謝，這個幻覺馬上出現在我的全像圖中。

讓我跟你分享另一個有趣實例，說明第二階段進行人性遊戲時的情況。我剛開始進行直效行銷和郵購這類遊戲時，我還困在第一階段受限的金錢遊戲中，我創造退款保證的幻覺。在這類遊戲中，你想盡可能銷售更多產品。由於「別人各自擁有力量和獨立決策權」這項信念，因此你必須很有說服力，讓他們購買你的產品。如果你能藉由提供買家不滿意退款的方式，降低買家風險，就有更多人跟你惠顧。很合理，對吧？當然。我就這樣執迷不悟了十八年。

我甚至運用退款保證的創作，繼續我第一階段生意失敗的經驗。當時，我經營郵購生意兩年，生意很好，所有數據都在預料之中。我每個月獲得許多線索，其中有一定比例的人會買，有一定比例的人會把產品退回來要求退款。不過突然間，我創造業績跌至谷底，退貨量爆增，這股趨勢持續一年，最後導致生意失敗讓我賠掉許多錢。結果，我創造痛恨退款的強烈情緒，這種情緒維持好多年。

我進入第二階段的許多年後，還透過郵購、雜誌廣告和網路經營另一項生意銷售產品，我依舊提供退款保證，依舊受到大家的歡迎，如果大家不滿意，我會提供退款。不過，我還是很討厭這項服務，每次必須退款時，我就很生氣。

經過幾個月持續應用流程，解決我對退款的不適感，有天早上醒來我心想：「等一下！那裡根本沒有人，沒有人需要我說服什麼事，他們只是依照我要求聽命行事的演員。對於我創造的任何事，他們根本不可能不滿意。只是我自己創造人們不滿及要求退款的幻覺，並讓自己信以爲眞！」那天早上，我從營運活動中撤銷退款保證服務。

或許你想到，經過十八年的強烈信念認爲有提供退款保證的必要，這項決定一定讓我感到不適，擔心業績會下滑。因此，只要我覺得不適或擔心，就應用流程。起初，就像能量場中模式即將改變前的信號，我創造一些人打電話給我或寄電子郵件給我，詢問我們是否提供退款保證，如果有的話，條件爲何。我將這些創作解釋爲，退款保證的彩蛋中還有一些能力，我繼續把尋寶工具應用在退款這項創作上。幾個月後，我已取回退款保證這個彩蛋中的所有能力，他們不再出現在我的全像圖中。

重點

一旦你跨越徹底解脫點，你會開始質疑全像圖中的一切，而且沒有任何事是不變的。

最後，我再跟你分享兩個小故事。在我的第二階段體驗中，我創造自己變胖十一公斤的幻覺。結果，我也創造自己以前的褲子大都穿不下的幻覺。以前我腰圍三十三吋，現在必須買腰圍三十六吋的褲子，穿起來才舒服。所以我買了同一個牌子三件腰圍三十六吋的牛仔褲。我還試穿過，三件褲子穿起來的感覺都一樣。一樣的款式、一樣的尺寸。但是回到家後，我創造一條褲子合身、一條褲子太緊、一條褲子太鬆的幻覺。我也創造自己以前穿的一條腰圍三十三吋的褲子，穿起來竟然很合身的幻覺。

全像圖中的任何事是眞的、是可靠的或無變動的嗎？

不是的！

製作影片是我熱愛的事情之一。我喜歡製作多媒體簡報，邀請大家進入我的影響領域，也實現我說的「遠距學習工具」。我運用一個軟體程式將這些簡報轉換成 Flash 的特殊格式，可以在網路上播放。有一天下午，我剛完成三支影片並使用軟體轉檔。轉檔完成後開始播放影片，影像卻上下顛倒！我打電話給軟體公司的技術支援部門，向他們請教此事，對方告訴我：「那是不可能的事。這個軟體不可能把影像弄成那樣。」

我最後一次問你，全像圖中的任何事是真的、是可靠的或無變動的嗎？

不是的！

現在請聽我說，在你的全像圖中一切都不是真的，都是虛構的，都是你的意識創造出來的。只要改變能量場中模式的小細節，高速公路出口就不見了。只要改變能量場中模式的小細節，就能創造十萬一千美元。只要改變能量場中模式的小細節，就能創造十二個人參與指導課程，每人以一萬七千五百美元向我表達感謝。只要改變能量場中模式的小細節，牛仔褲似乎就縮小或變寬了。只要改變能量場中模式的小細節，影片中的影像看起來就上下顛倒——即使從第一階段觀點這是不可能的事。

我先前說明過，這類故事多得不勝枚舉，而且如果你承諾要進行第二階段，你自己會創造許多故事。要明白的重點是：如果只要在意識裡和能量場中模式稍做改變，現實就變得不穩固、不可靠或容易改變，那麼當你徹底解脫，可以擺脫各種拘束限制進行人性遊戲時，你可能做到什麼呢？當你能夠做到這樣，全像圖中會出現什麼驚人創作讓你狂歡呢？請繼續翻閱第十三章找出答案。

13 無拘無束，盡興玩耍

別走康莊大道，自己披荊斬棘，爲後人開路。

——美國作家莫瑞爾・史多德（Muriel Strode）

打造空中樓閣是沒有規則可言的。

——英國作家柴斯特頓（G. K. Chesterton, 1874—1936）

做不可能的事是一種樂趣。

——迪士尼樂園創辦人華特・迪士尼（Walt Disney）

請注意：你沒有看完前面幾章就直接翻閱本章嗎？如果是這樣，爲了你自己好，請看完前面幾章的內容後再看這一章。除非你取得我爲你準備的所有拼圖圖片，看到整個徹底解脫地圖呈現在你眼前，然後你可以運用地圖眞正做到徹底解脫，否則你無法徹底解脫。相信我！

在最後這幾章中，我要說明生活在第二階段意味的是，沒有任何議程、投資成果或特定成效，也不想改變、修改或改善個人全像圖，日復一日地應用四項尋寶工具。我解釋過，在第二階段，你生活在回應模式中，活在當下，等看看全像圖中出現什麼，然後當你受到激勵或啓發時做出回應——在應用流程從其引發的不適感中取回能力之前或之後。

當你這樣做到一定程度時，因爲每個人的情況都不一樣，所以我無法告訴你，你的「一定程度」爲何。但是只要持續這樣做，就會抵達徹底解脫點，跨越它之後就進入新世界，有新的生活方式。現在，你準備好發現徹底解脫點究竟是怎麼回事，也看看當你跨越徹底解脫點後會發生的情況。不過請記住，雖然**大家**在跨越解脫點後，都會發生某些事，但是你終究會有自己的徹底解脫點，支持身爲獨特存有的你，進行屬於你自己的

重點

每位無限存有創造自己獨特的徹底解脫點，也創造徹底解脫點前後的一切事物。你可以利用圖十三・一所示，想像跨越徹底解脫點的模樣和感受。

人性遊戲。

也請你記住，我在本章中跟大家分享的不是理論，或是對我**相信**可能做到某件事的敍述。我抵達徹底解脫點，跨越它，也眞正以本章討論的方式生活。不過，我還有漫長的旅程要走。在日常生活中，我仍然運用尋寶工具，以逐漸加速的速度擴展，並在個人全像圖中日漸展現眞正的自己。我不知道、也不想知道第二階段究竟要走多久。我寧可讓第二階段的壯麗景象自行展開，讓我獲得驚喜。我必須說，即使我更深入第二階段，不知道一切會是怎樣的景象，但是我在撰寫這本書時已深入第二階段，一切比我體驗過或想體驗的任何事更爲驚人。

當你跨越徹底解脫點，你已經瓦解讓你困於財務限制的基本模式，你擴展並展現自己原本無限富足的狀態。在那個時候，你深切**知道**，你創造自己體驗的一切。你打從心裡**知道**，你絕對有能力創造任何事並讓事情出現在你的全像圖中。你打從心裡**知道**，數字不是眞的，金錢不是眞的，你的帳戶不是眞的，在你的全像圖中出現的資金流動也不是眞的，只有你原本的無限富足狀態**是**眞的。你對「自己究竟是誰」的眞相有完全的信任和自信。即使這件事現在看似科幻小說的情節，卻是非常眞實也能達到的意識狀態。

結果，一旦你跨越徹底解脫點，就不再需要查看個人帳戶餘額或財務報表，如果你

徹底解脫點

圖十三・一　徹底解脫點

還這樣做，你只是查看數字做消遣並表達感謝，但是對眞相則心知肚明。你也不再需要追查或評量資金流量。成本無關，帳單也不重要了。

後來，錢的事**眞的**迎刃而解——不管怎樣就是迎刃而解。在錢這方面，你不會受到任何限制或束縛。在第一階段，你讓自己相信如果你想買某樣東西或做某件事，必須先有錢才行，然後才能買東西或做事。在第一階段，有

重點

跨越徹底解脫點後，你只要對自己選擇體驗的所有創作表達感謝（以現金、支票、信用卡或其他匯兌等形式的幻覺），你確信自己的無限富足狀態是真的，不管怎樣，錢的事會迎刃而解，你不必操心。

錢是很棒的事，沒有錢就必須等到存足夠的錢，才能買自己想要的東西或做自己想做的事，不然就要借錢之後還要付利息。跨越徹底解脫點後，整個變動逆轉了。你受到激勵或啓發，想**先**對某項特定創作表達感謝，你表達感謝而且錢的事迎刃而解——不管怎樣就迎刃而解。我一直提到「不管怎樣就迎刃而解」，因爲你會知道，當你跨越徹底解脫點後，要發生什麼事是沒有定數或固定方式的。爲什麼？因爲無限就是無窮盡，沒有限制就是沒有限制！稍後，我會在本章中提出幾個例子說明情況**可能**是什麼模樣，但是那只是例子，不是規則、公式或限制。

後來，以金錢形式表達感謝就變成像呼吸一樣自然。你不必擔心下個呼吸從哪裡來，是吧？你不會評量或追查現在你有多少空氣——或未來有多少空氣可以呼吸。你不會想

重點

跨越徹底解脫點後，錢似乎還**會**來自全像圖（雖然不需要），但是你**知道**真相不是這樣。你**知道**錢來自你自己、你的意識、能量場中模式和你的力量。在全像圖中錢如何出現的故事情節，只是你為了向自己無限富足的狀態，表達最大喜悅和樂趣所做的選擇。

辦法取得更多空氣或保護你已擁有的空氣。你只是想都沒想地呼吸，你完全信任自己隨時都有足夠的空氣。以自己原本無限富足狀態生活時，情況就是這樣。你的富足就像空氣一樣不虞匱乏。

還有另一方式可以檢視，跨越徹底解脫點後展現原本無限富足狀態，究竟是什麼模樣和感受。我把這個方式稱爲**無限透支保障**（Cosmic Overdraft Protection）。在銀行界，有一個稱爲「透支保障」的第一階段創作。我先說明透支保障的運作方式，以免有人不了解這是什麼。你的支票帳戶跟信用卡或其他帳戶有關。如果支票帳戶餘額不足以支付支票金額，資金就自動由信用卡或其他帳戶轉過來，讓支票得以兌現。

想像一下，如果你的其他帳戶就是你原本無限富足的狀態，你的金錢源源不絕而來，

重點

當你跨越徹底解脫點時，就獲得無限透支保障的資格。

當你擁有這種透支保障時，你的人生會變成什麼模樣，會有什麼改變。想想看，如果你對自己無限透支保障有絕對的信心，你只要遵循帶給你喜悅、讓你完全融入創意狂喜的事，你可以做自己想做的事，感謝你的創作，開立支票表達感謝，並且知道所有支票都會**兌現**，不會跳票，那麼你的人生會是什麼模樣，會有什麼改變。

我剛抵達徹底解脫點時，就理解到我剛跟大家分享的事絕對是眞理，但是我還無法這樣做。不追查數字，只信任錢的問題會迎刃而解，就盲目表達感謝和開立支票，每次我確實這樣做，這個想法就讓我害怕。

儘管我已經進行這麼漫長的旅程，有些彩蛋中還有力量存在，讓我擔心銀行通知支票跳票，擔心銷售商怒氣沖沖地打電話來，擔心信貸利率飆漲等諸如此類的事——而且這些擔憂讓我無法跨越徹底解脫點。換句話說，我彷彿處在不明確的地帶。

接著有一天，我大規模應用流程處理這些擔憂後，我在靜坐時發現擴展的自我跟我說：「如果你只是了解你的富足就像呼吸一樣，但卻不懂得實際運用，那麼你只是在說：『其實我的無限富足並不存在』或『其實我的無限富足可能不存在』——而且你繼續餵養讓自己財務受限的彩蛋。在某些時候，你必須做決定判斷真假，劃定界限，跨出去後就不再回頭。如果你處在不明確地帶，就不可能徹底展現你的無限富足。」

我**知道**這些話都是真的，我也很想從金錢遊戲徹底解脫，但是我還是覺得不安全，好像從懸崖跳下，底下沒有安全網似的。我繼續應用流程解決我的擔憂，直到有一天我醒來並對自己說：「我今天要跳下懸崖，我別無選擇，只能相信擴展的自我會在我跳下時，適時地支援我。」就在那一天，我的所言所行開始依據彷彿真的擁有無限富足，彷彿我真的擁有無限透支保障，彷彿每次我把一美元丟進投注機，就能拿回三美元。我不再查看數字，不再登入網路銀行帳戶，不再研究財務報表。

一旦我做出這項決定，我創造許多機會以金錢形式表達感謝。有時候，我以喜悅和擴展的狀態表達感謝。有時候（起初常是這樣，後來這種情況愈來愈少），我一看到**帳單**或自己開出的支票，多少還會擔心，所以我應用流程。整個過程中，我一直相信真相就是真相，相信自己是無限富足並依此行事。我持續這樣進行六個月，終於跨越徹底解脫點，財務「空氣」從不再匱乏！

順道一提，我剛才描述的事跟大家說的「弄假成眞」**並不**一樣。那是第一階段創作的概念，在第二階段無法奏效。事實上雖然許多人大力推薦，但是弄假成眞在第一階段也不奏效。我能夠做出上述轉變的原因在於，我已經取回許多能力，也有足夠的擴展，而且最重要的是，受到擴展自我的全力支持讓我跨出一大步。

一旦你跨越徹底解脫點，你原本無限富有的狀態會依照你的選擇呈現。我在前幾章提過，無限就是無窮盡，代表沒有任何限制。金錢可能**看似**在全像圖中流動，但是已沒有必要。錢可能莫名其妙地出現在你的支票帳戶中，就像我先前說過我客戶的帳戶中突然多出五萬美元。

如果你要創造金錢在全像圖中看似來自某個來源，你可以在全像圖中創造這個幻覺——在街上發現一個裝滿現金的皮箱（這是我還沒創造、但日後可能創造的個人幻想）。你的無限富足的呈現方式可能是，**其他人**以金錢形式對你表達感謝。舉例來說，我的友人進行第二階段遊戲。他在二十年前寫過一本書，某位讀者看了這本書並加以運用而致富（這當然是我友人的幻覺），所以那位讀者開了一張支票寄給我朋友說：「我看了你的書，這本書對我有很大的幫助。這是我的一點心意，感謝你爲我做的事。靜候新作。」

以我的人生爲例，我創造自行創業提供產品與服務的幻覺，我可以選擇以這種方式呈現我的無限富足——要求演員扮演顧客的角色，不管產品與服務的品質如何，都會購買以表達感謝。我也可以選擇以金錢形式向自己表達感謝，例如：賣掉其中一項事業，獲得一張龐大金額的支票。我在〈導論〉說過，我賣掉藍海軟體取得一億七千七百萬美元時，我眞的創造那種幻覺。

你也可以透過意外遺產呈現自己的無限富足。我知道或許你心想：「我不認識任何人會給我大筆遺產。」如果你這麼想，請記住你體驗的一切都是你的意識透過能量場中模式創造出來的，你可以在能量場中安插**任何**模式。不必合理或合邏輯，第二階段的創作不像第一階段那樣受到限制。一旦你跨越徹底解脫點，你可以只爲了樂趣，創造你想要的**任何東西**。

接下來，我以一個相當極端的例子說明，我剛才分享的事所具有的力量和實際意義。我撰寫這本書時，比爾．蓋茲（Bill Gates）是全球首富。如果你想**在你的全像圖中**這麼做（如果這麼做眞的能支持你進行旅程），你可以創造比爾．蓋茲過世了，在遺書中指名由你繼承一千萬美元。現在你或許這麼說：「比爾．蓋茲幹麼這樣做？我根本不認識他。」我知道你選擇在自己的全像圖中創造那個幻覺的機率很小，但重點是，**你可以這樣做**。你有力量和能力這樣做。爲什麼？因爲如果你眞的想創造那個幻覺，這只不過是能量場

重點

無限就是無窮盡，一旦你跨越徹底解脫點，就不再受到任何限制。只要考慮自己想如何進行人性遊戲，對你來說什麼才好玩、才開心。

中另一個模式，比爾‧蓋茲只是**你的全像圖中**會依照你的要求聽命行事的另一名演員。記住，在這個例子中，比爾‧蓋茲不存在，死亡和遺囑也不存在，一千萬美元也不存在。你可以虛構任何你想要的情節，說明比爾‧蓋茲爲什麼要把這麼多錢留給你，然後讓全像圖中出現這個幻覺並信以爲眞。這一切只是能量場中模式的細節。我知道這樣說或許讓你感到頭痛，但現在不管你的舊有信念體系受到多大的挑戰，你準備好徹底接受眞相。

所以一旦跨越徹底解脫點，就表示你可以想都不想，以幾百萬美元的金錢形式，購買豪宅、私人飛機、名貴汽車和**奢華**服飾，向自己表達感謝嗎？如果你取回夠多能力、在能量場中瓦解夠多的限制模式，展現自己的無限富足，**而且更重要的是，如果這樣做眞的能帶給你喜悅**，那麼你當然可以這麼做。在第二階段沒有評論——沒有對、錯、應該、不應該、好、壞、更好或更壞。你可以創造你想要的一切。只不過，在你進行第二階段運作並持續擴展後，那些創作可能不再讓你感興趣。

我可以告訴你，以前我雖然對錢很感興趣，但是在我目前所處的第二階段旅程，我已經對龐大金錢沒有什麼興趣。許多對事物的慾望終究來自評斷，而且當你進行第二階段，展現真實自我並擴展，那麼第一階段遊戲的幻覺終將消失。我創造在優美社區中的漂亮住宅讓自己居住。我開名車、住在高級飯店、在一流餐廳用餐並享受許多奢華名品。不過，對我來說更重要的是，從深入第二階段生活在創造狂喜中，並在全像圖中持續展現更真實的自己，所獲得的喜悅和滿足。

我剛才提到的例子，都與全像圖中出現看似可見且可計算的金錢幻覺有關。或許讓你覺得，如果創造這類幻覺，就還在進行金錢遊戲，還專注在累積財富。不過，一旦你

重點

每次應用流程，你就擴展、改變也確實變得不一樣，想要不同的東西。這是在第二階段活在當下的另一個原因。因為幾天後你可能就變了，當你不知道自己會變成怎樣或自己後來會想要什麼時（或創造什麼），何必替未來做打算？

跨越徹底解脫點，就跟金錢無關。舉例來說，我寫這本書時還擁有幾家事業，因此財富源源不絕。但是我根本不在意業績多寡，不再關心產品、服務、顧客、銷售額、獲利、所得、薪資等諸如此類的事。最重要的是我自己、我的樂趣和喜悅。我只是在創意狂喜中玩耍，向自己、向我眞正想要體驗的創作並向人性遊戲本身，表達極大的感謝——至於其他的事，包括金錢在內，一切都順其自然、迎刃而解。

舉例來說，當我創造十二位人士參加一年指導課程，每人以一萬七千五百美元向我致謝（總計二十一萬美元）時，我創造這項幻覺時注意了這個數字。看到自己只是稍微提了一下指導課程，就能創造出如此高額成效，但是在第一階段要創造同樣成效卻得更努力工作，實在讓我覺得很好笑。不過除此之外，二十一萬美元這個數字對我沒有任何意義。我不需要錢**支付帳單**或**改善**生活方式，這筆錢也無法讓任何不可能的事變成可能。

重點

在第二階段，你做**什麼**並不重要。重要的是，你**怎麼**做和**爲什麼**要做，以及你從體驗中獲得喜悅和樂趣的整體水準。

錢不是真的，也不具力量。爲什麼？因爲我已經擁有無限富足！或許將來有一天，經營事業或看到金錢出現在個人全像圖中，都不再引起我的興趣。如我所說，我的第二階段旅程還有漫漫長路要走呢。

第二階段的終極目標就是——無拘無束地進行人性遊戲。也就是眞正**沒有任何限制或束縛**。不管從第一階段的觀點來看是怎樣，你在第二階段可以創造任何事並從中獲得樂趣。你可以無拘無束地進行經商遊戲，可以無拘無束地進行醫療遊戲，可以無拘無束地進行戰爭遊戲、教養小孩的遊戲、教學遊戲、寫作遊戲、繪畫遊戲或太空旅遊遊戲。

我剛看過一部紀錄片，提到世界各地的珊瑚礁正瀕臨險境，如果我們不採取行動，再過二十年或三十年珊瑚礁就會消失。你可以進行珊瑚礁遊戲或避免全球暖化的遊戲，或是宣傳回收的遊戲，不然也可以像我的友人一樣，創造電力汽車遊戲。

重點

在第二階段，你想玩什麼遊戲就玩什麼遊戲，即使看起來像是第一階段的遊戲也可以。只不過你會用不同的方式玩遊戲。你也可以創造以往沒有人想過的嶄新遊戲。

即使你目前沒有技能、沒有相關背景、人脈關係或你想到應該具備的條件，但是你可以只爲了好玩，創造自己身爲演員、音樂家、運動選手、大企業執行長或夜間新聞主播等幻覺。在第二階段，你可以在人性遊戲樂園中進行**任何**遊戲，或創造以往沒人想過的嶄新遊戲來玩（我個人相信進入第二階段時，許多無限存有都會這麼做）。

我剛創造要把本書構想公之於世的幻覺時，也創造兩位女士購買我的《七大生命力中心》（*7 Power Centers of Life*）自修課程。這兩位女士從事同類療法或稱另類醫療法。完成課程後，她們都寄電子郵件給我，相當驚慌地表達類似構想：「我的事業生涯依據的基礎是：身體是眞的、疾病是眞的、我的技術眞的能治療人們。如果什麼都不是眞的，我該怎麼做，離職嗎？」

我回信跟她們說：「在第二階段，你想做什麼，就做什麼。如果你眞的很喜歡治療遊戲，當然可以繼續進行治療遊戲。然後，你繼續創造有各種疾病的人求助於你，你繼續創造各種治療方式幫助他們——一切都只是爲了讓你在治療遊戲中，獲得最大的樂趣和喜悅。不過，如果你只是爲了因爲有人把責任推給你，爲了賺錢或其他原因，才做目前的工作，而且這項工作並未帶給你喜悅，甚至還讓你覺得無趣，或是日後在你繼續擴展時讓你有這種感受，你也有機會做其他選擇。」

在這兩位女士中，其中一位女士眞的熱愛治療遊戲並持續進行這項遊戲。另一位女士最後離職了，當她深入第二階段，就往不同的創意方向發展。

我有幾位朋友熱愛買賣股票和期貨。我認識的人當中，有人喜愛買賣房地產，有人喜歡教導如何買賣股票、期貨和房地產。從單一觀點檢視這些活動，它們僅僅是第一階段金錢遊戲的活動。不過跨越徹底解脫點後，這些活動變成截然不同的遊戲，也以截然不同的方式進行。舉例來說，如果你在跨越徹底解脫點後，選擇進行股票和期貨遊戲，你可以用讓你覺得好玩的方式，創造市場波動、買進、賣出、獲利和虧損的幻覺。一切都是爲了**讓你覺得好玩**。你可以創造什麼，可以體驗什麼，都不受限制或束縛。

如果你在跨越徹底解脫點後，選擇進行房地產遊戲，你可以讓你從遊戲中獲得樂趣的方式，創造土地、房屋、建築物、買主、賣家和房地產過戶的幻覺——而且你可能以別人從未想過的方式去做。你做什麼或怎麼做，都不受限制或束縛。

如果你選擇教導別人如何透過買賣股票、期貨和房地產賺錢這個遊戲，你可以創造許多人想進入你的影響領域，想參加你的研討會，想聘請你發表演說或買你的書、錄音帶、課程、諮詢及指導服務——而且你可能以別人從未想過的方式去做。所有可能性都不受限制或束縛。

重點

在第二階段，再也沒有任何事跟**別人**有關。一切只跟你有關，跟你的樂趣、喜悅、擴展有關，別人的出現只是要支持你進行你的遊戲。

進行所有遊戲涉及的數字，包括銷售額、費用、收入、獲利、資產價值、資產淨值等諸如此類的數字，除非**從第二階段的觀點**檢視和追查，會讓你覺得有趣，否則並無意義可言。

只要你繼續進行人性遊戲，你會從人性遊戲樂園中選擇吸引你的項目去玩，或創造全新的項目自娛。因此，只要你繼續進行人性遊戲，你仍會創造源自於能量場中模式的幻覺，仍會讓事情以時間幻覺的演變發展，而不是在彈指之間馬上讓事情發生。爲什麼？因爲如果讓事情瞬間出現，在個人全像圖中創造這種幻覺，那種體驗可會讓你毛骨悚然的。

現在我以一個實例說明這項重點。二〇〇五年七月，我的友人小李問我是否想跟他們合夥創辦新事業，以他的研究爲主提供研究課程。我很喜歡小李，他的研究也讓我很興奮。我把這個合夥關係的主要重點擺在，協助小李製作多媒體宣傳資料和課程要件。我受到激勵想參與，也接受他的邀請。當時，我主動進行第二階段遊戲。

現在，以第一階段的觀點來看，這項機會可能跟下列事項有關：

- 協助小李宣傳他的研究。
- 協助客戶由小李的研究獲益。
- 透過前兩項工作盡可能賺更多錢。

不過在第二階段，**在我的全像圖中**（記住，我們不關心別人的全像圖發生什麼事），這件事跟小李、跟他的研究、他的客戶或賺錢無關。而跟我有關，跟支持我自己進行第二階段有關，跟我自己獲得樂趣並進行第二階段有關。因此，我創造這個機會——小李和他的幕僚以特定方式演出，創造潛在客戶和客戶以特定方式演出，也創造機會使用我的多媒體工具與技能，讓我獲得最大的喜悅和樂趣，還能深入第二階段的旅程。同前所述，故事情節不重要，細節也無關，生意如何發展都出自我在能量場中放置的模式。一切都是爲了支持我以自己想要的方式，進行第二階段遊戲。你會再度發現，第二階段的一切就跟第一階段的情況恰恰相反。

我再舉另一個例子說明。大家都知道哈利波特（Harry Potter）現象。在那個特定幻覺裡，作者羅琳（J. K. Rowling）完全憑靈感寫出《哈利波特》第一集。當初，她根本沒有慾望或意圖要透過體驗一炮而紅，成爲暢銷書作家，也沒想過要讓這一系列書籍成爲暢銷書，後來還開拍電影大賣座，成爲全球鉅富之一——這一切可說是突然發生。羅琳覺得自己想寫這本書，所以付諸行動並發行問世。然後，一切順其自然，經過一系列神奇事件，這個體驗成爲羅琳在自己的人性遊戲樂園中，無拘無束、狂野刺激的娛樂項目。《哈利波特》第一集於一九九七年出版，到我撰寫這本書時，羅琳的這場體驗已經持續近十年。

當我檢視那個例子，身爲作家也對電影界充滿熱情的我認爲，要進行那樣狂野刺激又沒有限制的體驗，肯定很猛烈——書一本又一本地寫，透過一系列神奇和無心的事件讓這些書成爲暢銷書，再將這股旋風吹向其他驚人體驗，包括依據書籍內容開拍電影。在第二階段，我可能會選擇這樣的體驗，也可能不會選擇這樣做。但是如果我選擇這麼做，我會在能量場中創造模式，利用我無拘無束的創作，讓整個發展循序漸進，透過時間幻覺（跟羅琳的體驗一樣），利用不同的人扮演不同角色，增加我在這個體驗中獲得的

重點

展現你的無限富足意味的是，放掉你要如何獲得無限富足或為了獲得無限富足必須如何行動的想法和考量。

樂趣——而且我想享受多久，就享受多久。我會慢慢體會事情分分秒秒的發展，爲每天在我全像圖中出現的驚喜而興奮不已。那就是第二階段的生活。我不會要求事情突然發生，直接創造最後結果並說：「好了，我剛賣掉兩千萬本書，五部電影銷售額達二十億美元。太棒了。接下來呢？」爲什麼不這麼做？因爲這樣做一點也不好玩啊！

我在第一階段進行金錢遊戲時，熱中於郵購事業和直效行銷等創作。我花十八年時間進行這些遊戲，也成爲精明玩家。依據我在第二階段個人體驗所見，我不認爲自己會再以長時間體驗任何一件事。我的第二階段體驗的展現方式有點像衝浪。我創造看似有趣的特定波浪湧上，所以我拿著衝浪板迎上前去，開始滑行直到自己想離開爲止。然後，我繼續等待我創造的另一個浪湧上，再開始前進，當我受到感召時就跳上衝浪板衝浪，只要我想離開就離開——當我持續擴展，就持續創造新的波浪滑行。

我確信我剛描述的每一件事都讓你動心。不過，你還是覺得難以置信，如同遙不可及的幻想嗎？如果你這樣想，這是完全可以理解的事，因爲你在第一階段的限制信念，仍舊具有強大力量。不過我可以向你保證，我說的都是眞的，如果你接受我在第十五章中提出的邀請，大步邁進第二階段，並以我所建議的方式運用尋寶工具，你**就會抵達那裡**。同前所述，如果你還有疑慮無法做出承諾，擴展的自我會透過你創造的體驗，在全像圖中向你證明眞相。這一點我可以打包票。

我們先花一點時間，談談剛才我所分享的事所依據的科學基礎。先前我說過，一旦你通過徹底解脫點，你不再需要注意數字或計算、評量或追查生活中的金錢流量（除非你從第二階段的觀點選擇這樣做）。我們從量子物理學的概念檢視此事。你知道科學將能量場視爲無窮力量與無限潛能的來源。當意識專注在能量場中，因爲意識意圖的決定，能量場中的特定創作和單一可能性就會因此瓦解。

眞正的你就只是意識而已。眞正的你是具有無限力量和無限富足，如同科學對能量場的定義。你在全像圖中看到或體驗到的一切，都源自於你在能量場中安插的模式。因此，在你的全像圖中，如果你決定自己想查看支票帳戶餘額，查看另一個帳戶餘額或其他看似重要的數字，一定會發生什麼事呢？你的擴展的自我必須在能量場中創造一個模式，包含跟你想看到的帳戶和數字相關的特定細節。然後你必須提供能量給模式，讓細節出現在你的全像圖中，這樣你才有東西可看。否則，那裡根本沒有東西！以量子物理學來說，當擴展的自我這麼做時，無限潛能**必須**瓦解成一個有限的受限制創作，對吧？而且不管你看到什麼，一定比眞正的你及你原本無限富足的狀態要少得多。

請耐心聽我說，因爲當你了解此事的重要性，將讓你震驚不已。在你通過徹底解脫點後，如果你再也不查看或專注於帳戶、明細表或數字，會發生什麼事？如果你不看，就不需要將無限瓦解成有限，對吧？就沒有必要在能量場中創造包含受限數字或想像帳戶相關細節的模式，並讓其出現在全像圖中，對吧？那麼，你只是單純的意識，只是以無限潛能在創意狂喜中嬉戲的無限存有，對吧？你只是以你選擇要體驗的創作表達感謝，同時處在高度擴展的狀態中。因此在第二階段，你不必注意數字，只要以絕對的信任和自信向自己的創作表達感謝，錢的事會迎刃而解！或許在你繼續閱讀以下內容前，你想把上面這幾段話再看幾遍。當你跨越徹底解脫點，情況就是那樣。

杜威在其著作《意識與量子行爲》中寫道：

意識非常喜愛自己，以體驗喜悅主動給予自己祝福。如果意識不是這麼沉迷於狂喜，我相信意識會令人害怕，但是害怕只是被動旁觀者的情緒狀態，而**被動**並非我們能應用於意識的字眼。我們生而爲人，愈接近狂喜這種情緒狀態，就愈接近生命的本質，因爲生活就是要這樣去過。

現在你可能對自己說：「好吧，那我何不繼續**查看**，也在能量場中創造模式，讓我的想像帳戶中有一千萬美元或十億美元？對我來說，這樣很好啊。」如果你在跨越徹底解脫點後想這麼做，你當然可以創造這種幻覺。但是，如果你在自己的無限透支保障中擁有全然的自信，你爲什麼想這麼做？我再跟大家分享一個例子，說明剛才這件事的重要性。

假設你想在某一年內，**每件事絕對**是自己想做的事，你必須以二十五萬美元的金錢形式表達感謝——如果你打算追查資金流量並加以計算。如果你的無限透支保障能**兌現**你所開出累計二十五萬美元的所有支票，那麼你在那一年內何必需要更多**收入**？在第一階段，你或許會這樣回答——你可以用額外**收入**做更多事，**支付意外開銷**或突發性**購買**，或是爲退休做打算，把錢**存起來**爲日後要做的事做準備。但是，如果你在那一年或未來，有**意外開銷**或突發性購買，你的無限透支保障也會出現並**兌現**那些支票。當你到達退休

重點

限制就是限制（不管可獲金額看似多麼龐大），無限量就是無限量，真正的你是無限量的，而且在你跨越徹底解脫點後，你就想要處在無限量的狀態。

年齡，你的無限透支保障也會**兌現**所有支票。

所以，有了無限透支保障，現在或未來你何必需要帳戶中有更多錢或有更多收入進來？你根本沒有這個需要。你也不需要任何規模或重要性的**資產淨值**。如果你做自己想做的每件事所開的支票都能**兌現**，累積多少錢又有什麼關係？

你看出金錢遊戲運作的規則如何深植人心嗎？必須盡可能地賺更多錢，把錢存起來，讓**資產淨值**愈多愈好，這一切都是以金錢供應不足的幻覺爲依據。一旦你展現自己的無限富足，這項不足就消失不見，累積金錢的需要也徹底消失。

所以現在我要問你一個問題。先前我從不同的觀點問過這個問題，但是因爲你的透視力打開一段時間了，所以現在我要再問你一次。如果你可以從下列事項二選一，你會選擇哪一項：

• 受限制的不穩定人爲狀態——不管可獲金額看似多麼龐大——必須管理、追查、計算並評量金錢流量。
• 你原本的無限富足狀態，你擁有無限透支保障，而且金錢供應無虞，不必管理、追查、計算或評量任何事。

我選擇第二項。假設你也選擇第二項，你的人生將跟持續問答這項問題有關：爲了遊戲的樂趣，現在我想玩什麼？這就是爲什麼我說進行人性遊戲第二階段，是處在創意狂喜中，而且如同我先前的解釋，當你繼續擴展及改變，你就能以不同的方式回答那個問題。

我提出一些特定實例，說明**可能**發生的情況。多年前的某天早上，我醒來時突然靈機一動，想提供名爲「金錢遊戲之徹底解脫」的全新現場活動。我認爲這樣做一定很有趣。我創造這個幻覺——活動的標題和副標（跟這本書同名），讓它出現在我靜坐時。所以我規劃活動時間表。我只是覺得自己有一股衝動要這樣做，所以我就去做。我不是爲了賺錢而做，也不是爲了想幫助人而做（那裡又沒有人要我幫助）。我只是因爲想做，走一步、算一步。我規劃四天的活動，而且自己根本不知道在那四天當中要說什麼或做什麼。我受到激勵向與會者收取兩千美元，讓他們以此表達感謝。

或許你會問：「如果錢不重要，爲什麼還要收取任何感謝？」如果你這麼想，那是從第一階段的觀點做判斷，也就是**金錢供應有限，我把錢花掉，我的錢就變少了**這種心態。表達感謝是最自然也最有力的表達形態之一，現在你知道其中原因。因爲創造機會表達（或接受）感謝，這是絕佳的禮物。感謝是肯定某項創作的價值。金錢只是這項表達的符號。這項重點很微妙，但是你眞的要清楚了解。

當時，我一直熱中於在網路上使用多媒體工具（音效＋影像＋文字），也向創造酷炫作品的影片製作設備和軟體表達感謝。有一天，在規劃完金錢遊戲之徹底解脫現場活動的時間表後，我心想：「用我的新設備和工具爲這項活動製作多媒體邀請函，取代以往第一階段所用的推銷信函，這樣做很有趣，不是嗎？」所以我這樣做了。我在多媒體邀請函中所言所行，完全依照自己受到的啟發，我連續三天創造出這個多媒體邀請函，而且覺得好玩極了。我並不擔心要說服任何人參加活動。爲什麼？因爲在第二階段，又沒有人在那裡，我不需要說服任何人。他們都只是協助我進行遊戲的演員。我依據自己所受到的激勵，創造邀請他們與會的幻覺。結果，我設計出一個長達四十分鐘的影片。有趣的是，影片中並未清楚說明活動中會發生什麼事或活動重點爲何。事實上，當與會者抵達會場時，我請在場不知道這個活動主旨爲何、卻覺得自己必須在場的人舉手，幾乎每個人都舉手了。

後來，我覺得自己想發一封電子郵件給個人通訊錄中的友人，通知他們這個活動。我在電子郵件中這麼說：

今天我寫這封信邀請你參加我在六月舉辦的全新現場活動。活動名稱爲：

金錢遊戲之徹底解脱

讓你改變遊戲規則、反敗爲勝的驚人策略

活動內容就如活動名稱所言，屆時我會在現場跟大家分享。

如果你認爲這場活動很適合你，我相信你會點選發現令你興奮的細節。請點選下列連結，打開這項嶄新活動的多媒體邀請函。

以往在第一階段進行金錢遊戲時，我會寫一封洋洋灑灑的信，設法強迫、激勵或說服人們到我的網站並觀賞邀請影片。但是在第二階段，我根本不必這麼做！我發出這封電子郵件，是因爲我覺得該這麼做。我不在乎有多少人參加活動，沒有人來、有兩個人來或六十個人來（會議室最多容納六十人）。我不在乎自己是否能因爲這場活動賺錢。爲什麼？因爲那跟我的富足和富足來源無關。請記住，當時我已經擁有無限富足。

後來我受到激勵要發第二封電子郵件給通訊錄中的友人，我只有做這些宣傳。在第二階段，沒有必要宣傳任何事。只不過如果宣傳讓你覺得有趣，你當然可以創造宣傳的幻覺。我知道有關這個活動的一切都來自能量場中模式，包括多少人與會、誰來與會、以及他們如何發現這場活動。所以我覺得沒必要操控全像圖，創造特定成果的幻覺。結果，全球各地有二十八位人士參加這場活動，我跟與會者都玩得很開心。

我寫這段內文時，依然享受教導、寫作和運用多媒體工具，創造遠距學習體驗，邀請大家進入我的領域。因此，我繼續**以我所描述的方式**，創造機會做這些事。我未必總是那樣做，但是我活在當下。我用這種方法做每件事——公事和私事——包括醒來時決

重點

當你更深入第二階段，你繼續活在當下，活在回應模式中，依照擴展的自我帶領，運用尋寶工具，注意有什麼事能帶給你喜悅。

定整天無所事事和看電影，或跟妻小度過歡樂時光，或外出找朋友。當我繼續應用尋寶工具，更深入第二階段，我所看到的事讓我興奮不已。

待在第一階段那麼多年，我跟大家說：「人生若能重來，我寧可當導演，因為我一直很喜歡電影和視覺媒體豐富的創意潛能，尤其現在又可以運用特效。」但是我總是放棄這個想法反而說：「下輩子再說吧！這輩子我已經選擇不同的發展方向。」不過，既然我已經跨越徹底解脫點，我不再放棄任何事。我知道自己可以從能量場中模式創造任何事，讓幻覺出現在我的全像圖中，藉此進行人性遊戲獲得樂趣。

同前所述，當我進入第二階段時，我對視覺作品的著迷更加擴展。奇妙的是，我未曾想過自己對視覺媒體的熱情和對意識、教學與工作轉型的熱情，竟然可以互相結合。不過在我寫這本書時，當我繼續運用視覺媒體教學和玩耍，拓展可能性之際，我對這些事的熱愛竟然可以結合在一起。最重要的是，這一切是在身為人格面具的我完全不刻意或毫無意圖的情況下發生的。事情就這樣自然而然地出現。搞不好有一天，我還會選擇創造出導演電影的幻覺——好萊塢電影或透過視覺溝通故事分享轉變知識的嶄新方式。繼續等待我的好消息吧！

一旦你跨越徹底解脫點，整個景象會為你綻放。當你更加展現真實自我，你會體驗到你想體驗的一切。我說過，第二階段如何運作或展開沒有規則或公式可言，那才是真正令人興奮的部分。我不知道你在第二階段會發生什麼事，這並不重要。我說過，當你跨越徹底解脫點後，重要的是，你想進行什麼遊戲、怎樣進行遊戲。

不管你現在怎麼想，想像一下我在這一章分享的一切都是真的，對你而言是可能的。想像一下，你真的跨越徹底解脫點，展現自己的無限富足，有無限透支保障的資格，而且處在創意狂喜的狀態。如果你真的這樣過活，你還會：

- 訂定目標？
- 在乎個人所得或營運獲利？
- **擔心**個人所得或營運獲利？
- **擔心**下一位客人打哪裡來或他們是否**買得起**你的產品或服務，如果你進行經商遊戲的話？
- **擔心**在任何情況下要做什麼？
- 在乎**折扣**或**拍賣**時才購買？
- 在乎你的帳户中累積多少錢？

- 在乎你的**收入**或**資產淨值**？
- 在乎你的**投資**價值？
- 在乎經濟狀況或股市漲跌？

不會、不會、不會，再也不會！

爲什麼？因爲對你來說，這一切都不再重要。當你只爲了遊戲的喜悅，創造任何你想要的東西，何必訂定目標？當你跨越徹底解脫點後，進行第二階段遊戲時，結果不再重要。金錢不足或任何形式的限制都不再存在。一旦你透過無限透支保障，充分利用無限供應的金錢，任何數字又有什麼意義？經濟狀況或股市漲跌又有什麼關係？反正你可以在你的全像圖中，創造自己想要的一切。

你能想像得到以這種方式生活，你的人生會有多麼不同？你的感受會有多麼不同？傷腦筋，不是嗎？不過，如果你進行第二階段運作，這些情況都是眞的，也都在等著你。或許對你而言，一切聽起來遙不可及，但事實並不然。如果你依據我在這本書中跟你分享的一切——我跟大家分享的哲理、科學、顯現機制和所有故事——思考此事，當你跨越徹底解脫點後，會發生這些事是很合邏輯的。我也說過，你不必相信或把我的話當眞。

如果你邁入第二階段，以耐心、承諾、紀律和毅力進行第二階段，你自己就能證明這是眞的。

也請你記住，在跨越徹底解脫點後，不管生活可能變成什麼模樣，讓你感到多麼興奮，跟實際體驗相比卻相形見絀。當我具備無限富足時，我體驗到的喜悅、興奮、祥和、輕鬆和自由，是言語難以形容的（不過我會盡全力描述清楚）。我在〈導論〉說過，從金錢遊戲徹底解脫是無法描述的，必須親自體驗才會了解箇中滋味。

生活在無拘無束的第二階段，還有另一件眞正酷炫的事。**其他**人的言行反應你對自己或自己強化信念的想法和感受，對吧？如果你進行第二階段，你擴展、開放、對自己和自己的創作表達感謝，也對人性遊戲的壯麗表達感謝，**必定**會發生什麼事呢？你一定會在自己的全像圖中，從**其他人**獲得龐大的感謝。這件事一定會發生，會以金錢形式及讚美、體貼、特別照顧、關愛和感激等其他形式發生。

從我跨越徹底解脫點起，別人日漸對我表達感謝的程度，讓我驚訝不已。這件事在許多小事中顯現出來，餐廳服務生、零售店店員、機上空服員和飯店櫃台人員都對我特別禮遇。這件事也以重要方式顯現，例如：我太太和小孩跟我的互動方式，我太太娘家對待我的方式，友人跟我的互動方式，以及我選擇要演說、舉辦現場活動、推出遠距學

重點

在全像圖中，別人不可能惡劣地對待你，或否定你說或做的任何事。一切都是你創造的幻覺，是你讓自己信以為真。一旦這些模式瓦解後，你的自然狀態只會表達感謝或接受感謝。

習工具或撰寫這類書籍時，我創造**其他人**跟我一起進行人性遊戲，也以不同方式對待我。

舉例來說，當我進行第一階段遊戲時，我舉辦現場活動、自修課程或寫書，總會替自己和教材創造一個相當極端的反應。總有一群人表示不滿意想退回產品，要求退款或要求退回現場活動的費用。他們會否定我的構想並說：「對我來說，這東西一點也不稀奇」或「我不喜歡這東西」，或是「那違反我的宗教信仰」。當時，我對自己的感謝程度，比現在低很多。結果，就從**別人**對待我和對我的回應中反射給我。

因爲我對自己、對我的創作、對創造流程和人性遊戲的感謝程度大幅增加，所以這股動力也隨之改變。你也會在你的生活中發現此事，如果你現在熱中事業，這項改變也會出現在其中。你可以在工作環境中持續運用尋寶工具取回能力，再次證實眞相並徹底增加你的感謝程度，那麼你跟主管、同事、部屬、顧客和潛在顧客間，**一定會發生**什麼事呢？他們一定會愈來愈感謝你！他們可能用什麼方式表達感謝呢？是意外獎金或升遷？是讚美？是大好機會？或是獎賞？當別人對你的感謝大增，生活不就變得更喜悅、更有趣也更充實？你最好相信就是這樣！

現在，你明白在我們進入這一章前，我爲何必須給你所有拼圖圖片了嗎？如果我沒有這樣做，你絕不會相信或了解徹底解脫點的神奇魔力。儘管我在前述章節幫你打好基礎，你或許仍有質疑且必須從中取回能力。如果你閱讀前述章節時，有時對我所說的論點感到不耐煩，希望我廢話少說道出重點，或許現在你會感激我這樣編排這本書的內容。

現在，你可以把書放下，覺得自己買這本書**物超所值**，但是精彩的還在後頭。我知道或許你有一些問題想問，有些問題可能你還沒想到，當你想爲自己的一些問題尋找解答，請翻閱第十四章。

14 對話錄

以統計來看，讓我們當中任何一個人出現在這裡的機率很小，所以只要想到存在這個事實，就讓我們驚喜滿足。

——醫師暨散文作家路易斯・湯瑪斯（Lewis Thomas, 1913—1993）

別人合腳的鞋，你穿卻太緊，世上沒有一體適用的生活祕訣。

——心理學家卡爾・榮格（Carl Jung）

我跟現場觀眾分享金錢遊戲之徹底解脱的教材，也透過自修轉變方法（Home Transformational Systems）和第二階段指導課程做分享，學員在剛開始發現教材及後來在日常生活應用尋寶工具時，有機會跟我互動並提出問題。

由於本書讀者不可能跟我進行這樣的互動，我又想協助大家從徹底解脫流程和應用尋寶工具中，獲得最大利益，所以我把大家最常問的問題和解答整理出來，做爲本章的內容供你參考。問題和解答所占篇幅長短不一，有些問題和解答則互相呼應。

問題：當我有責任要扛，有工作、有家小、有朋友和家庭，我不知道自己如何活在當下，處在回應模式中？

解答：其實做法很簡單，只是你把它當成第一階段的伎倆，所以變得錯綜複雜，讓你無法看清眞相。當你有責任要扛，代表什麼呢？代表你每天要做決定、要採取行動。我說過第二階段跟什麼有關？你做自己受到激勵或啓發要做的事。這樣就把行動層面解決掉。至於決定該怎麼辦？你依照自己的動機做決定，並相信自己做出適當決定，相信自己不會把事情搞砸或出錯。做決定和採取行動時，如果覺得不適，就應用流程並繼續應用流程，直到決定和行動的不適感消失爲止。然後，你做自己受到啓發或激勵的事。眞的就這麼簡單，而且不管你的處境爲何都能這樣做。

至於處在回應模式，擴展的自我會在你的全像圖中顯現許多機會，支持你進行第二階段運作。你將會忙於回應這些機會。你當然不會無聊或覺得沒事可做。而且不同於第一階段時可能不小心、健忘或覺得壓力過大的人格面具，擴展的自我不會把視線轉移，把你的事業生涯或個人生活置於不顧。一切都沒問題。

問題：如果有人要求你或你覺得要對未來的某件事做承諾時，該怎麼辦？這樣的話，你如何活在當下？

解答：在第二階段，你做自己受到激勵或啓發去做的事。在做這些事的前後，如果你的決定或可能採取的行動讓你感到任何不適，就應用流程。如果你的全像圖中，出現要你在日後做某件事的機會或要求，你認爲有動機要這麼做，你就去做。我一直都這樣做。這種生活方式看似艱難或不切實際，但事實剛好相反。跟第一階段典型的生活和決策相比，這樣做輕鬆多了，也實際多了。不過，你仍然回應全像圖中出現的機會，而不是設法在日後**讓某件事發生**。另外，我不得不再提醒你——未來並不存在。請你先想想看，第一階段存在這項信念——未來是眞的、未來就在那裡，是有形的，有依據的，未來是現在的延伸，或是現在的合理延伸。以上皆非。眞相是：只有一連串的「現在」從能量場中錯綜複雜、互相交織的模式創造而出。檢視好萊塢電影就知道，整個影片是由一系列單一影像畫面組成。投影機播放影片時，這些單格畫面連結在一起，創造出連續動作的幻覺，但這只是幻覺。在你全像圖中發生的事也一樣，能量場中模式改變時，就是大家所說的「未來」。

問題：你說在我們的電影中，別人只是我們的創作，我們給他們劇本，要他們照著劇本去說、去做。那麼，如果我不喜歡他們說的或做的事，如果我不喜歡劇本，我要怎麼做？我要跟他們吵架嗎？要求他們做別的事嗎？萬一我對他們發脾氣怎麼辦？

解答：這個問題要分成幾個層面來回答。首先，第一階段信念會讓我們傾向於跟不照著你想要他們去說、去做的那些人爭吵或發脾氣。從第二階段的觀點來看，你知道你只是給自己另一個機會。假設你在拍電影，電影劇本中要求名爲扮演瓊安的演員對扮演約翰的演員說：「我恨你！」然後打他一巴掌再衝出房間。假設劇本要求扮演約翰的演員被打一巴掌時，用手摸著臉說：「喔！」並看著扮演瓊安的演員衝出房間。假設拍攝這幕場景時，瓊安跟約翰說她恨他，打了他一巴掌後走出房間。約翰會問瓊安：「你爲什麼這樣做？」不會，約翰知道瓊安爲什麼這樣做。約翰會說：「住手，我不想被打巴掌嗎？」不會，劇本就是劇本，是演員要照著劇本去演。如果你不喜歡別人的言行舉止，就表示你覺得不舒服，對吧？那麼，你就應用流程。你**沒有必要**對別人表達你的不適。他們只是依照你的劇本給你一份禮物。然後，在你應用流程後，不管你只用一次或很多次，面對別人時，你就依照自己受到的激勵或啓發去說或去做。如果你進行第二階段運作並從不適感中取回能力，你很可能發現別人開始依照截然不同的劇本去演，因此他們會說也會做出完全不同的事。

其次，以我的經驗來說，有時候劇本確實要求你在電影中跟其他演員爭吵，因爲爭吵對你是有幫助的。舉例來說，這樣做可能增加你的不適感，因此你當時能從中取回更多的能力。所以不管怎樣，如果你知道自己可以應用流程，但你還是很想和全像圖中的演員爭吵，你就去做，相信那次爭吵能巧妙地支持你。

再者，在第二階段中如何過活是沒有規則或公式可循的。而且，如果相信自己當時眞切受到激勵或啓發去說或去做的事，你就不會犯錯或把事情搞砸。一切都是擴展的自我放在能量場中模式所塑造出來的。

問題：現在你在第二階段旅程的哪一段，你經常跟演員爭吵嗎？

解答：在不適感出現時，我多半選擇應用流程，而不跟演員爭吵，因爲他們協助我取得不適感。我認爲自己很少有必要再跟演員爭吵，也不認爲這樣做有什麼好處。我發現有人說什麼或做什麼讓我生氣時，我就應用流程（一次或多次），後來他們的行爲舉止就會改變，沒有什麼好討論的。他們只是爲我引發一些舉動，一旦這些舉動發生了，我就進行第二階段，所以他們不必再說什麼或做什麼。而且就算他們說什麼或做什麼，讓我生氣，我就再應用流程，也不跟他們爭吵。然而你可別把這種做法當成規則或公式。我並沒有這麼做。只是這個做法適合我的處境，而且我想這麼做。我總相信並依照自己所受到的激勵去說、去做。

問題：大多數人顯然不知道第一階段、第二階段、尋寶工具、取回能力或任何相關事項。在認知上有這麼大的差距時，我如何向朋友、家人、子女、配偶、同事和別人溝通呢？

解答：我先大致上回答你的問題，再做更詳細的說明。首先，你沒有必要跟別人討論第二階段的運作或概念。如果你選擇跟別人討論，也請你了解這樣做是沒有必要的，只是你還是可以做。在第二階段，別人是依照你要求的言行舉止的演員，他們只是協助你使用尋寶工具。就算他們不知道第二階段，也可以輕易扮演自己的角色。如果他們需要知道第二階段，要跟你談論第二階段，劇本中會有明確需求和機會，你可以相信劇本照做就行。我說過，我剛開始進入第二階段時，有六個月的時間沒有跟內人談到第二階段。當時我這樣做是基於兩個原因。首先，你從這本書的內文呈現方式就能知道，這不是幾分鐘就能解釋清楚的事。有很多事要分享。其次，當時我不覺得自己受到激勵要這樣做。當我深入第二階段，內人認爲我好像變得不一樣，問我究竟怎麼回事。她的問題讓我有機會開始討論這整件事，所以當時我就跟她討論此事。後來，她參加金錢遊戲之徹底解脫的現場活動，了解整套方法。如果當時我寫好這本書，就直接給她一本書看就好。在我指導的客戶中，有的是夫妻一起參加，一起進行第二階段。也有的客戶跟我一樣，自己先進行一段時間，然後創造別人加入他們的行列。在日常生活中，你會在自己的全像圖中，發現最能支持你的選擇。如果你受到激勵要跟別人分享此事，只要讓他們看看這本書，或建議他們取得自修轉變方法，或是建議他們參加由我舉辦的現場活動。

問題：如果我跟別人討論第二階段，他們覺得我瘋了或認爲我魯莽行事，怎麼辦？

解答：在**你的全像圖**中，別人都沒有力量或獨立決策權。如果你創造那樣的交談，別人也是照著你給的劇本去演，他們可能反映出你認爲這一切很瘋狂，內心懷有恐懼（在剛開始經歷第二階段時很可能會出現恐懼）。不然的話，他們這樣說就是爲了發動某件事，支持你進行第二階段的旅程。不管怎樣，只要應用尋寶工具並回應，一切會順其自然發展的。

問題：如果有什麼事困擾你或讓你害怕，而且你不知道爲什麼，那你怎麼做？要應用流程，你必須能說出信念或引發不適感之物嗎？

解答：要應用流程，你不必說出引發你不適之物，或對其有所了解。不舒服就是不舒服。只要應用流程就好。

問題：你和夫人塞西莉曾經一起針對某件事取回能力嗎？

解答：沒有。

提問者：你會考慮這麼做嗎？

解答：別人沒有必要從你的全像圖中的某件事取回能力。在你的全像圖中，他們沒有任何力量，只有你有力量。如果我從某個彩蛋中取回力量，我的全像圖會改變，塞西莉也會跟著改變。如果看起來，塞西莉從我的全像圖中某件事取回力量，我的全像圖中其實沒有發生什麼事。只不過，如果我想要，我可以選擇自己的全像圖中發生一些事。

在第一階段有一個信念，如果很多人聚在一起靜坐或專注於某件事，群體動力增加力量到等式中，可增加達成目標的可能性。舉例來說，最近在《我們懂個X!?》這部電影中，科學家描述在華府做的一項實驗，研究當地犯罪率爲什麼那麼高。科學家說明一大群精通靜坐者在某個特定日子於華府展開靜坐，訴求和平。然後，他描述當天華府犯罪率大幅下降，讓警方難以置信。

這完全是捏造的全像情景。從第二階段觀點來看，靜坐者減少犯罪率這件事根本不是眞的。這是幻覺。記住，**在全像圖中**，沒有因果關係。做爲人性遊戲的一部分，人們當然可以創造群體動力似乎爲某件事增加能力，似乎在全像圖中創造某項結果的幻覺，並且讓自己信以爲眞。但是這並不是眞的。我說過，如果創造跟配偶或別人一起從某件事取回力量的幻覺，會讓你感到有趣，你當然可以這樣做。這樣做無傷大雅，只是當你這麼做時要記住，什麼是眞的，眞相爲何。

問題：你說，跨越徹底解脫點時，自己會知道。你怎麼知道？是怎樣的情況？

解答：你就是打從心裡知道。就像被木棒打到頭那麼明顯，但是不會那麼痛，只是感覺很明顯。你會發現自己的想法、感受和行爲在改變。也會注意到自己自然而然地不再計算和評量生活中的金錢流量。你會發現自己自然而然地向你的創作表達感謝，讓事情順其自然。你會覺得金錢不再像以往那樣帶給你不適或限制——不管你在全像圖中檢視什麼。相信我，一切就是那麼明顯，但是每個人的情況和感受都不一樣，因爲每個人都是獨特的無限存有。請記住，一旦你做出這項轉變，就無法回頭。當你做出這項轉變，就讓轉變發生了。

問題：你說我在進行第一階段和第二階段的人性遊戲時，擴展的自我會把我照顧好，適時地支持我。不過，依據你所描述第二階段旅程的痛苦經驗和你所分享別人的痛苦經驗，看起來會發生在我身上的許多事情，或許稱不上對我有利。是嗎？

解答：**不利**是虛構的，是第一階段的概念和評斷。不管你選擇如何評斷，在你的全像圖中出現的一切都是**有利的**，否則它們就不會在那裡。沒有任何意外，沒有任何事是隨機發生的。如果發生了，就是你的擴展自我基於某項原因，巧妙地在能量場中放置模式，讓全像圖中出現幻覺。有關全像圖中人、事、物的含義、**是好**或**是壞**，這些故事都是我們虛構的。記得彩蛋結構嗎？評量就是彩蛋的主要部分。我們評斷每件事，有時候認爲事情**不利**，有時候認爲事情**有利**。在第一階段，兩者有些許不同，但是在第二階段，一切你認爲不利的事剛好都對你有利，因爲這些事讓你有機會取回龐大能量，讓你獲得極大的自由與喜悅！

問題：那麼，當你把自己的第二階段體驗描述成難以忍受時，那是你對它的評斷嗎？

解答：我只是說明當時在幻覺中，這些體驗痛苦的強烈程度。我並沒有說那是不好的體驗，但是以當時的痛苦程度來說，那些體驗確實讓我難以忍受。當時我清楚知道，這些體驗中有重要價值。有部分的我還很痛恨這些體驗，那是我對體驗做的評斷。有部分的我希望這些體驗消失不見，那也是我對體驗做的評斷。但是我總知道，這是第二階段的創作，要支持我進行第二階段的運作，所以我忍耐下去——如同我所描述的一再地、日復一日地這樣做。

問題：我如何應付生活中顯然仍舊是第一階段幻覺的所有事物——洗車、遛狗、刷牙、吃飯、工作、陪小孩玩等諸如此類的事。

解答：我要分幾個方面回答這個問題。首先，全像圖中的一切都不是眞的，只是看起來千眞萬確。幻覺讓人徹底信服。所以，從這個觀點來看，你做的任何事——不管看似大事或小事——都是一個奇蹟，你可以對它及自己這位創造者表達龐大的感謝。舉例來說，刷牙時，如果沒有牙齒、沒有牙膏或牙刷、沒有水或沒有洗臉檯；洗車時，如果沒有車子、沒有水、沒有肥皂、沒有蠟、沒有海綿或抹布或噴嘴。遛狗時，如果沒有狗、沒有狗鏈、沒有馬路、沒有草地、沒有狗屎或沒有塑膠袋放狗屎。吃飯時，如果沒有食物、沒有嘴巴、沒有牙齒，或沒有咀嚼。一切都是虛構的。不過，看起來卻像眞的，而且因爲你是從這種觀點看待這項奇蹟，所以每件事都是極度喜悅的體驗。如果你眞的這樣看待事情，沒有任何事要**應付**（用你的說法）。你只要做引發你動機要做的事。

至於工作和陪小孩玩耍，除了我剛才說的話，**應付**這類體驗就跟**應付**第二階段其他體驗一樣，活在當下，活在回應模式，應用適當的尋寶工具。一切是支持你進行第二階段的原料。

其次，你不必從全像圖中的每件事取回能力，而且你也做不到。比方說，你爲什麼想從日落、美麗的海景或森林取回能力？一切都是幻覺。沒錯，卻是提供你喜悅和靈感的幻覺。你要從限制你的創作取回能力，而不是從所有創作取回能力，而且你只要從擴展的自我帶領你找到的彩蛋取回能力。舉例來說，現在我還要刷牙、還要用牙線。我知道我的牙齒不是眞的，蛀牙也不是眞的。但是現在，擴展的自我還沒帶領我從這方面取回能力，所以我繼續刷牙，繼續用牙線，繼續看牙醫。有一天，這種情況可能改變，也可能一直不變。請記住，你創造一切。

在寫這段文字時，我還戴著眼鏡。我知道眼睛不是眞的，眼鏡不是眞的，但是擴展的自我還沒帶領我從這方面取回能力，所以我繼續戴眼鏡，我認爲那是對這項創作本身的絕佳支持。

擴展的自我確實帶領我從金錢遊戲、情緒遊戲和關係遊戲，取回龐大能力，我也依照他的帶領應用四項尋寶工具。隨著時間演變，我更深入第二階段，誰知道擴展自我會帶領我應用尋寶工具做什麼，情況會變成怎樣。我不知道也不在乎。反正一切都會非常令人滿意。

問題：有時候，我會這樣想：「我不知道這東西是否眞的奏效，我不知道第一階段／第二階段／取回能力這東西是不是眞的，或者我只是被騙了，或讓自己對聽起來了不起的哲理著迷。我不知道對我來說，這東西是否奏效。」我該如何回應？

解答：你的問題可分成兩個部分：懷疑和擔心這樣做是否**奏效**。我們分別檢視這兩個部分。首先，有這些想法讓你有何感覺？不舒服，是嗎？那麼，你怎麼做？應用流程處理這些感覺。接著，請記住，第一階段的目標是不計代價地讓你遠離自己的力量。讓你遠離眞相，把假的當成眞的，最好的辦法就是讓事情不奏效，讓你以爲自己在騙自己，是吧？這是一個絕妙策略，而且在第一階段運作得相當好。當你有那樣的感覺時，你正在告訴自己，你在第一階段是怎麼騙自己，你也給自己一項大禮，讓自己能從那些幻覺中取回許多能力。

最後，在第一階段還有一個幻覺，讓你認爲錯誤跟出自錯誤的結果，兩者之間有因果關係。因此，我們在第一階段說某件事**奏效**時，就是這個意思。在第二階段，如你所知，你應用尋寶工具，也知道讓事情順其自然。你沒有應辦事項，沒有投資結果，沒有要改變、修改或改善全像圖的慾望。

擺脫看似**奏效**與否的想法。只要你評斷，就繼續供應能量給幻覺，就無法取回自己的能量。只要你尋求證實，你就在說：「我不相信這是眞的。」如果你那樣說，眞相就無法表現得像眞相，因爲限制彩蛋中還有力量存在。這一點很微妙，但很重要。我知道說比做容易多了，但是當你繼續應用尋寶工具並繼續擴展，一切會變得更容易，後來就變得如魚得水。

你的全像圖**將會**改變。當你取回能力並瓦解模式，你的全像圖必須隨之改變。但是，在進行第二階段時，全像圖的改變是自然發展的結果。全像圖不會也不能只因爲你不喜歡這樣東西，或你比較喜歡別的東西，而產生改變。現在你了解原因何在。

問題：有時候，我很難分辨也很困惑，想搞清楚自己獲得的訊息或指引，或是受到激勵要說或做的事，究竟是來自擴展的自我或是人格面具，或者是我內在本源或內在導師的聲音。我要如何釐清此事？

解答：你如何描述不知道引導從何而來的感受？有任何不適感嗎？

提問者：我覺得不安，因爲我擔心聽錯引導或訊息，也擔心犯錯。

解答：如果這種想法讓你不安，你就應用流程。就這麼簡單。沒有例外可言。不管這個不安感是什麼或出自何處，都沒有關係。

問題：你說在不適感出現時，就要應用流程。那麼，我把所有我不喜歡的事、我不想要的事都寫下來，然後逐一應用流程，並不依照議程擺脫掉這些事，而是等不適感出現就取回能力，這樣做明智嗎？

解答：你讓擴展的自我帶領你找到彩蛋。你不必自己去找它們。列出清單並有系統的採取行動讓事情發生，這是第一階段的老把戲。到了第二階段，出現什麼，你就應付。爲什麼？因爲擴展的自我想告訴你，要瓦解第一階段幻覺最具威力的炸彈放在哪裡。依據我個人及指導學員的生活經驗，一旦你承諾要做第二階段，擴展的自我會讓你忙碌不堪，而且你根本不覺得自己有必要找機會取回能力。你會爲自己創造不同的情境。第二階段就是回應全像圖中出現的事，做你受到激勵或啓發去做的事——不是因爲這樣做很合理，或這樣做很適當或很明智，或你覺得該做。所以，以這個例子來看，如果你眞強烈感受到自己有動機或靈感要列出清單（而非因爲第一階段舊有創作和習性），那麼你就遵照這個動機，相信它並這樣做。

問題：我的腦子裡有許多聲音、自我審判、自我批評和自我懷疑。一旦我從創造它們的模式中取回足夠的能力，它們就會消失嗎？

解答：如果你因爲不喜歡它們，想讓它們消失，那麼它們是不會消失的。你不能一邊評斷，一邊想從中取回能力，這是兩個無法共存的活動。不過，如果你不帶任何意圖或應辦事項，日復一日地進行第二階段，那麼終究會從你的全像圖中消失，這是你逐漸擴展的自然結果。你是偉大的無限存有。你不可能會評斷、批評或懷疑自己。只是你創造那些幻覺，讓自己信以爲眞。當你從那些創作和幻覺取回能力，如同你從任何限制創作中取回能力，模式就隨之瓦解，創作就從全像圖中消失。這是一定會發生的轉變。

問題：那麼正直、倫理和道德又怎樣呢？

解答：起初，你可能不喜歡或不認同我的答案。但是，我在此告訴你眞相。從第二階段的觀點來看，正直、倫理和道德都是第一階段的創作，都是虛構的，都是看似眞實的幻覺，就像全像圖中的其他東西一樣。如果你誠實客觀地從第一階段觀點檢視此事，情況也是這樣。歷史上，人們試圖提出能適用百世及各種文化的單一道德標準。你知道嗎？這是不可能的事。我們說的正直、倫理和道德其實因人而異，因時代而異，因文化而異，也因情況而異。

問題：你談到無限透支保障，談到向自己想要體驗的創作表達感謝，並且全然相信金錢的事會迎刃而解。那眞的表示，如果你（人格面具）想要或需要什麼東西，不必查看帳戶餘額就直接買嗎？或是要等到所需金額顯現才能購買？

解答：你問這個問題，因爲你還把許多能量放在金錢遊戲中——一開始，你當然是這樣。不過，一旦你跨越徹底解脫點，你絕不會再問這個問題。一旦你跨越徹底解脫點，你有絕對的自信，相信眞正的自己，相信自己多麼有能力，相信你的無限富足是眞的，也能充分利用。當你有這種把握，你只要對自己想要的東西表達感謝，根本不必查看帳戶餘額，錢的事情會迎刃而解。

要抵達並跨越徹底解脫點，是要花時間的。而且如果你跟我一樣（或許你會創造不同的事），一旦你跨越徹底解脫點，就會繼續取回能力並擴展可能性。我剛跨越徹底解脫點時，就某種程度來說，我可以用這種方式向許多創作表達感謝。不過，因爲我在第一階段放置的蛋，我發現如果我考慮以超過特定金額的**數字**表達感謝，就再次引發限制信念，就會感到不安。所以，我應用流程解決這些不安，繼續擴展自己的可能性。結果，我現在可能做的事已遠超過想像。

問題：大家談論的潛意識及潛意識提供許多力量又怎樣呢？

解答：潛意識這種東西並不存在，那是第一階段爲了支持幻覺爲眞而設計的創作。記得我說過，爲了讓人性遊戲在第一階段運作，所有眞相多少必須受到扭曲嗎？人們所說的潛意識就是那樣，是對能量場中眞相、擴展的自我和意識的曲解。

問題：你說你在第二階段活在回應模式中，你遵照擴展自我的帶領，沒有任何議程、要求、目標或成果，應用尋寶工具。那麼需要和慾求該怎麼辦？在第二階段可以主動創造事物嗎？我們在哪個時候可以這樣做？

解答：你的問題源自於第一階段的這項信念——必須主動、顯現並創造個人現實。第二階段沒有規則或公式可言。爲了用你想要的方式進行人性遊戲，你創造你想要的一切。我說過，我還有漫長旅程要走。我不知道第二階段最後會帶領我到哪裡，更不知道第二階段會帶領別人到哪裡。關於這方面，我有一個理論跟大家分享。在第二階段，臆測並沒有多大價值（那是第一階段的把戲），但是或許你發現臆測是有價值的，所以我跟你分享這個理論。剛開始時，第二階段就跟應用尋寶工具有關。你要取回許多能力，要瓦解許多模式，要體驗並享受許多擴展和感謝，主動創造事物並不在你要做的清單上。就像你在第一階段時念醫學院，起初你忙於學習人體，沒有想過如何動手術或治療病患。

然而我的理論是，當你深入第二階段，主動創作開始變成可能。我的理論是，到那個時候，不同人會做出不同的選擇。有些人會決定主動創造幻覺，有些人則繼續讓幻覺自然呈現以獲得驚喜。

舉例來說，以我在第十二章跟大家分享的故事爲例，或許我有一天早上醒來，**決定**我眞的想有導演電影的體驗。那麼，我的擴展自我可能創造那個體驗，讓它隨著時間演變出現在我的全像圖中，讓我可以從這項創作中獲得純然的喜悅。身爲人格面具，我不會事先知道所有細節，因爲這樣的話有何樂趣可言？擴展的自我仍會創造模式，提供能量讓幻覺出現在我的全像圖中，讓我進行人性遊戲。

另一項可能性是，或許我不會決定自己導演電影，但是每天早上醒來看著全像圖中出現的事，對我來說就是一項驚喜。在我寫這本書時，我就生活在這種驚喜模式中。而且我發現這種驚喜要素，讓我相當喜悅。當我繼續擴展，我可能繼續這樣生活，也可能有其他發展。事實上，如果你仔細檢視我剛才說的這兩個例子，其實「決定」創造某件事跟任其自然發展以獲得驚喜，兩者之間並沒有重大差別。

問題：我還不了解爲什麼我該專注或感謝某樣不眞實的東西。這件事我還是搞不懂。

解答：當你檢視此事時，你不清楚什麼？

提問者：既然全像圖中的一切都不是眞的。我不懂爲什麼我該注意或提供能量感謝它。

解答：你喜歡電影嗎？

提問者：喜歡。

解答：你在螢幕上看到的電影是真的嗎？

提問者：就某種程度來說，是眞的。

解答：電影是眞的嗎？如果電影中有人被刺傷，他們眞的被刺傷嗎？

提問者：沒有。

解答：好的。你會感謝製片人、導演、演員、工作人員、動畫師、特效人員和其他所有人士爲製作電影所付出的時間和精力嗎？

提問者：當然會。

解答：只要把同樣的構想對應到你的生活。你是導演、製片人、動畫師、特效人員和電影明星。你創造男女演員、工作人員、場景、特效，一切都是你的創作。你在意識中製作整部片子，然後自己融入其中，而不是坐在戲院觀賞。你說服自己那是眞的，但其實一切只是鏡花水月。你進入那個境界。如果你感謝讓電影成眞的幕後人員，你就能輕易地感謝自己讓全像圖看似眞實的辛苦傑作，因爲相較起來這工作還難得多。

問題：你曾想到以前的事並應用流程嗎？你可以運用流程處理孩提時代的事嗎？

解答：有的，但或許不是以你說的方式。我再次強調，你沒有必要自己去找蛋取回能力。你不必回想過去，孤立出看似引發你痛苦的事件並應用流程。不適感自然出現時，你才應用流程。換句話說，擴展自我會帶領你去找蛋並爲你打開蛋。當然，當你這麼做時，你直接迎擊與過去有關的不適感。透過成長過程，你創造這些蛋並提供它們能量。

不過，我可以告訴你，**以我的經驗來看**，當我應用流程時，我很少意識到是跟過去某個事件或經驗有關。我只是讓自己融入這股不適感，並未想到它是什麼、從哪裡來等諸如此類的事。用那種方式分析，回到以往找出引發**痛苦**的核心，有意識解決它們，這是第一階段的創作和把戲。你沒有必要知道蛋在哪裡，除非你知道這樣做能支持你用自己想要的方式進行人性遊戲。然後，你或許可以給自己洞察力，讓自己察覺或靈光乍現。你的體驗或許跟我的體驗不一樣。

問題：既然你把這套方法稱爲**金錢遊戲**之徹底解脫，但其實不只跟金錢有關，是嗎？

而是跟整個人生有關，不是嗎？

解答：正是如此！不過，聰明如你，這套方法當然不只跟金錢有關，金錢只是擴展形式的進入點，這個擴展將擴大到你的整個人生。

好啦，我的朋友，現在我們的旅程即將到達終點。你幾乎已經收到所有拼圖圖片，整個景象已經呈現在你眼前，你可以清楚看見。現在，你必須做決定。當你準備好考慮我說的「邀請」，請繼續翻閱第十五章。

15 邀請

眞理存在，只有謊言才必須捏造。

——畫家喬治斯・布拉克（Georges Braque, 1882—1963）

現在，我認爲人生就是我替自己寫的一齣美妙戲劇……所以開心演好自己的角色，就是我的目的。

——美國女演員莎莉・麥克琳（Shirley MacLaine）

在遊樂園玩雲霄飛車時，剛開始車速很慢，我坐到座位上繫好安全帶，等待其他遊客入座。接著，雲霄飛車開始移動，起初緩慢移動，後來速度愈來愈快，沿路狂飆，上坡、下坡、轉彎、繞圈。後來，雲霄飛車又再慢下來，最後停在終點。當我解開安全帶，起身離開雲霄飛車時，我覺得很開心，但是因爲剛才瘋狂的飛車經驗，讓我一時搞不清方向。

你閱讀本書的瘋狂體驗，也可以這樣形容嗎？當你坐到座位上繫好安全帶，你從坎菲德寫的推薦序和〈導論〉開始這項行程。然後，當你發現遊戲規則，你開始慢慢移動。接著，你發現哲理、科學、第一階段、第二階段、尋寶工具和徹底解脫點，你開始更迅速地移動，經過上坡、下坡、轉彎和繞圈。看到最後一章時，你的移動速度又慢了下來，即將停在終點結束行程，或許你覺得既興奮又有點搞不清方向。

所以，當你準備好重回現實世界，問題來了：現在該怎麼辦？

首先，你搭乘的瘋狂雲霄飛車並不適合每個人。你會創造這本書並讓這本書出現在你的全像圖中，是因爲下列這三項因素的其中一項：

- 你（現在）準備好進入第二階段，這本書就扮演**發射點**（Launch Point）的角色。
- 你打算不久後就進入第二階段，所以你想在抵達發射點躍入第二階段前，先體驗一下。
- 你想再多花一些時間進行第一階段，但是你希望自己更清楚事情**究竟**如何運作的眞相。

如果我還在進行人性遊戲第一階段，我會認爲你（人格面具）在你的全像圖中具有力量，所以我會跟你這樣說，現在你該決定自己想做什麼。但是，我現在進行的是第二階段遊戲，而且我知道你的擴展自我已經把決定做好了。

那麼，那項決定是什麼、你又如何得知呢？時間會說明一切。如果這是你進入第二階段的發射點，你會知道的。你會接到彷彿「當頭棒喝」的信號，所以不會錯過它。其實你會覺得有人轉動你的人生開關，一切就在瞬間改變了。你開始發現我說的狂野事項，眞的在你的全像圖中出現。你開始體驗到異常強烈的不適，有一股原動力想應用尋寶工具做回應。

如果你準備好躍入第二階段，也藉由本書讓自己先體驗一下，那麼在你創造這本書之前，一切會照舊運作，但是你會覺得有一些微妙轉變，當你等待抵達發射點前，你會愈來愈想知道自己周遭究竟發生什麼事——就像太空人等待進入太空船，起飛進行太空之旅一樣。

如果你想再花一點時間繼續進行第一階段，但是你希望自己更淸楚事情究竟如何運作的眞相，那麼，情況會跟往常幾乎一模一樣，只不過你會發現，自己運用我在第七章協助你打開的透視力，洞悉第一階段。經歷過一段瘋狂之旅，卻沒有留下深刻改變，那

重點

不論你馬上躍入或不久後才躍入第二階段，或者你再待在第一階段一段時間，「現在該怎麼做？」這個問題的答案都一樣。你做自己**覺得**受到激勵或啟發去做的事，如果你感覺任何不適，就應用流程。

是不可能的事。

如果你再花一段時間繼續進行第一階段遊戲，我依舊邀請你在感到不適時應用流程。你可以照著我的做法去做，或修改成更少的步驟和不同用語。我在金錢遊戲之徹底解脫現場活動和自修轉變方法中討論過，情緒不是發生在你身上的事，而是你自己做的事。你選擇如何詮釋並回應自己在日常生活中經歷的事件，藉此選擇在某個時刻有什麼感覺。

在第一階段，我們創造這個幻覺：自己帶著情緒坐在乘客座位，沿路上無法掌控，不像坐在駕駛座可以完全掌握操控。即使你繼續進行第一階段，出現不適時你應用流程，然而你覺得自己應該有所進展，那麼你可以乘機跳上駕駛座，讓自己的生活更精彩。簡單講，當你繼續進行第一階段，你可以開始創造讓自己覺得更棒的幻覺。

如果你接受我的邀請，即使停留在第一階段也應用流程，你不必接受或相信我在這本書中提到的每件事。你只要在感到任何不適時，直接面對這種感覺，如同你在第二階段應用流程一樣。你盡可能地徹底感受不適感，承認你自己選擇創造不適感回應看似引發不適的事件，只要確認自己這麼做，你就能從中取回能力。你不必承認自己是無限存有，不必承認有人性遊戲第一階段和第二階段，也不必承認全像圖、能力、能量場、模式或彩蛋這些事，一樣可以應用流程、取回能力。如果你這麼做，你會發現你在第一階段經歷的情緒景象將徹底改變，你也會爲進入第二階段做好準備。

如果你馬上或不久後抵達發射點，你已經備妥工具腰帶。你知道何時使用及如何使用工具腰帶上的尋寶工具。那麼，我給你的邀請可分爲下面這五個部分：

一、耐性。

二、牢記。

三、信任。

四、感謝。

五、擴展。

當我逐一討論這項邀請的各個部分時，請記住我會一再強調幾項重點。

耐性

爲了討論，我把第二階段的旅程分成兩個部分。其實，這兩個部分是同時發生的，只是爲了討論方便將其一分爲二。第一部分是應用尋寶工具去：

- 記起眞正的自己。
- 取回能力。
- 再次證實眞相。
- 徹底增加對自己的感謝，因爲你創造自己體驗的一切；也增加對個人創作和人性遊戲之偉大的感謝。
- 讓自己了解，原來自己在第一階段這樣巧妙地自欺。

我說過，應用尋寶工具開始無拘無束地進行人性遊戲，本來就不是一蹴可幾。尋寶工具的設計宗旨是，經過一段時間的應用，需要多久時間就花多久時間，才能適時支持你以自己想要的方式進行人性遊戲——就像啜飲美酒、品嘗美味佳餚、鑑賞小說或戲劇那樣，仔細體會擴展自我的每一個步驟。

當你思考我剛才所做的分享，不妨參考麥克海爾・史莫・萊特（Machelle Small Wright）說的這段話：

> 你正在經歷改變的開端。在這個時候，你很難放輕鬆，因為「改變的開端」意味的是，你依然活在舊模式，但你已經看到新模式並朝著新模式邁進。為了實現新模式，你急於擺脫舊模式，而產生不安。不安讓你弄亂步調，讓進入新模式必須立即採取的步驟品質變差了。所以記住，放輕鬆。

或許你的經驗截然不同，但是如果你跟我一樣，儘管有了新知識和新的察覺，有時候還是沒有耐性，想要讓自己評斷為「不好」的東西消失，或減輕感受的強烈程度，或者因為一切變得太瘋狂了，而拚命想要逃離第二階段。如果發生這種情況，請溫柔地對待自己。讓自己休息一下。請你明白，要從第一階段轉變到第二階段，在過渡期間發生這種評論和感受，是可以理解的。只要應用流程處理這些不適感，順其自然就好。

牢記

你要時時牢記下面這三件事，尤其是當情況似乎愈來愈艱難時：

一、**究竟發生什麼事**：你以大規模的方式取回能力、擴展並改變，即使看起來或感覺起來未必總是那樣。

二、**第二階段有關全像圖的眞相**：一旦你進入第二階段，全像圖中的一切除了支持你進行第二階段外，將不再重要、不再有意義、不再穩固可靠。

三、**最終目的地**：無拘無束地進行人性遊戲，這個寶藏遠比你聽過、看過，或在電影中看過、以目前觀點可能想像的寶藏還要珍貴。跟你自己在第二階段眞正可能做到的事相比，我先前爲你做的描述實在微不足道。

如果你跟我一樣，你可能爲自己創造截然不同的事物，牢記上述三項重點，將能幫助你在想認輸投降之際，堅持下去，繼續進行第二階段。

你也要記住，你不可能評斷創作、痛恨創作、不喜歡創作，想改變、修改或改善創作或讓創作消失，**還能**同時從中取回能力。兩者是無法共同存在的活動。在你開始進行第二階段旅程時，當你依照擴展自我的帶領，找到彩蛋取回能力，很可能你還有許多評斷。不過，只要繼續進行第二階段，你會發現當你繼續擴展，評斷就會自然消失。

請記住，第二階段跟邏輯、知性、思考或設法把事情搞清楚無關，而跟**感受**和**直接體驗**有關。

你也要記住，當你深入第二階段，我在這本書跟你分享的一切，即使是你確定自己完全了解並「懂得」的事，對你而言都會愈來愈真實，你也會以目前無法想像的方式，有更深入的了解和領悟。期待看到這些擴展的驚嘆時刻，同時也記住徹底體會每一個時刻。

信任

盡快讓自己做到信任，而且當你應用尋寶工具並透過流程擴展，你**就能**做到信任，擺脫想要控制或操縱全像圖這個幻覺。擺脫第一階段必須主動，並採取大規模行動讓事情發生或完成事情的伎倆。擺脫目標、應辦事項、投資成果和成效。信任擴展的自我，只要依照它的帶領。把自己交給第二階段遊戲，讓擴展的自我帶領你找到寶藏。

感謝

當第二階段爲你展現，你在引導下找到能量場中的蛋，你從中取回能力並瓦解模式，你的全像圖也因此改變——感謝這一切的偉大。你要感謝自己這位創造者，你創造自己體驗的一切。你也要感謝你的創作，感謝整個人性遊戲，感謝第二階段擴展的美好與莊嚴。

當你的智慧、能力和富足擴展時，感謝每一個開放與擴展的時刻。當你在全像圖中的可能性日漸增加，感謝這些日漸擴展的機會。

當你體驗到不適，感謝它所帶來的禮物和美好機會，讓你得以取回自己的能力。如果情況看似艱困，你覺得很疲憊或壓力過大，感謝你爲了欺騙自己而做此傑作，因爲你根本不可能有那種感覺——只有創造幻覺，讓你有那種感覺並說服自己幻覺是眞的。

當你看到自己展現愈來愈多傑作，感謝自己身爲人格面具和擴展自我（眞正的你），因爲你巧妙地支持自己進行人性遊戲的第一階段和第二階段。

一旦你做出轉變活在回應模式中，活在當下，做自己受到激勵或啓發去做的事，出現任何不適時，就應用流程取回能力，請感謝第二階段遊戲的簡單性，感謝自己的體驗最後變得多麼喜悅與輕鬆。

當你跨越徹底解脫點，呈現自己原本無限富足的狀態，終於開始無拘無束地進行人性遊戲，請感謝這項成就的偉大，盡情地享受你接觸到的喜悅和創意狂喜。

當你體驗到這一切，體驗到遠超過我在此向你說明的一切，如果你感謝我撰寫這本書，支持你躍入第二階段，請把這項感謝轉送給自己。你在全像圖中創造我和這本書的幻覺，提醒你自己眞相爲何。其實，你一直都很清楚眞相是什麼。我們一起進行的瘋狂旅程跟我無關，卻跟你有關。我並沒有爲你做任何事，這是你爲自己做的事。

擴展

你淸楚知道這本書不只跟金錢有關。如果你接受我的邀請，躍入第二階段，並運用我先前說明的尋寶工具，你一定能從金錢遊戲徹底解脫，開始享受你的無限富足。

不過，你的人性遊戲體驗所出現的轉變不會就此停止，酷炫的事會自然發生。第二階段的擴展並不侷限於金錢和富足，而是會擴展到個人全像圖的各個角落。如同我先前

重點

第二階段的名字就是——個人全像圖的全方位擴展。

的建議，藉由第二階段運作，你也能在個人生活的所有層面看到擴展，並且在各方面創造既美妙又驚喜的體驗。同時，你也讓自己有機會應用尋寶工具，找到跟金錢無關的彩蛋。

現在，你準備好開始進行大家都能玩的人性遊戲終極冒險。你即將進行世紀尋寶之旅，你要找的寶藏比金銀財寶更貴重，也比地底下的石油、比你在全像圖中銀行餘額有幾兆美元更重要。你即將接觸到自己無法想像的能力、喜悅、平靜、滿足，以及無法想像的富足和創意狂喜。

不管途中，你的全像圖出現什麼模樣，不管你體驗到什麼不適，眞相是，從「眞正的你」的觀點來看，你玩得很開心。你享受到前所未有的喜悅。你受到完全的祝福，在完全由**你**創造的世界裡，以你自己想要的方式進行人性遊戲。

我再以好萊塢電影製片爲例，強調這項重點。你在電影院觀賞所謂的恐怖片、悲劇或劇情片，劇中角色發生看似**不好**的事，你可能評斷那些經驗心想：「喔，那太可怕了！」但是，電影製片人在拍電影時的經驗是怎樣？他們最後看到剪接完成的影片做何感想？應該是喜悅、感激和滿足，對吧？製作電影讓他們享受到前所未有的快樂！

舉例來說，你在電影中看到某人被刺傷流血了，你心想：「喔，好可怕！」創造這個幻覺的好萊塢特效鬼才的想法是：「太棒了！瞧這傷口和流血的模樣多麼眞實。我眞的把這項工作搞定了！」當你看到片中某個角色好像在受苦，扮演那個角色的演員想的卻是：「多麼棒的演出啊！這麼有說服力！好極了！」你跟你的完全體驗電影也是這樣。不管你在全像圖中看到什麼或經歷什麼，眞正的你玩得很開心並說：「哇！我眞的完成那項幻覺，實在太酷了。多麼好玩啊！」當你在第二階段，運用尋寶工具並繼續擴展，你自己就會愈來愈有上述感受。

我太太塞西莉熱愛瑜伽及瑜伽教學。瑜伽課程結束時，她總會雙手合掌在胸前做祈禱姿勢，向學員說這個字：Namaste。

然後，她繼續說明這個字的意思：

> 我向你內在神聖的光致敬，那是展現在所有生物內在的神性，因此我們都是一

家人。

這段話為我們共同旅程的這個部分畫下美好句點。為什麼我說這個**部分**？因為如果你馬上、不久後或再過一段時間躍入第二階段，我相信我們會再度相遇。

我們電影中見嘍……

附錄：添柴助勢

把火生起後，你會添加柴火，讓火燄愈燒愈旺。當我透過現場活動和自修轉變方法，跟大家分享金錢遊戲之徹底解脫的教材，我還會建議或提供特定資源，支持參與學員進行第二階段旅程。在此，我想把那些資源分享給你，做爲現在或不久後你內在燃起火燄的助燃柴火。我把資源分爲七大類：

一、重點。

二、電影與電視節目。

三、書籍。

四、現場活動。

五、自修轉變方法。

六、指導課程。

七、獲得最新消息。

重點

在整本書裡，我不時強調自己說的**重點**，因爲這些重點是徹底解脫流程依據的核心基礎。如果你想取得所有重點一覽表，自行印出或製作成放於皮夾內的提醒卡，或放在身邊提醒自己眞相爲何，或做其他運用支持你進行人性遊戲的旅程，詳情請參考我的網站：

http://www.bustingloose.com/keypoints.html

電影與電視節目

我發現整合新構想時，如果有視覺實例說明新的思考方式或新的生活方式可能是什麼模樣，這樣做很有幫助。因此，我建議大家看看下面這幾部電影和電視節目。這些影片應該不難找到，不過爲了方便你查詢，我也附上亞馬遜網站的相關連結。有時候，連結網站因爲時日一久有所變更，如果我列出的網址無效，只要到亞馬遜網站搜尋影片名稱即可。

電影《楚門的世界》（The Truman Show）

我在這本書裡，不時地把人性遊戲比喻成一部電影。這個比喻有多麼正確、多麼深入，從電影《楚門的世界》就可以獲得最佳的視覺詮釋。如果你已經看過這部片子——最近或很久以前——你不妨從現在所知的觀點再看一遍。這部片的主角楚門由男星金・凱瑞（Jim Carrey）扮演，電影中還有許多男女演員、導演和電視節目工作人員。楚門、導演和工作人員之間的關係提到操控、自我和控制等問題，並不適合說明你與擴展自我的關係。撇開那些不正確的部分，不去注意那些，享受電影其他部分的情節吧。

在這部電影中，有許多事適切說明這項概念——第一階段和第二階段、不知道自己在電影中、擴展自我如何籌劃一切並讓全像圖中出現「場景」，支持你進行你的旅程，你看到的每個人只是依照劇本要求行事的演員等等。

請參考網址 http://www.bustingloose.com/truman。

電影《夢幻成真》(Field of Dreams)

由男星凱文·柯斯納（Kevin Costner）主演，電影內容對我在本書討論的許多概念做了絕佳詮釋，這些概念包括：

- 依照內在指引的重要性。不管這項指引可能多麼不合理或瘋狂，不管你在全像圖中看到或獲得多少阻撓，還是要依照你內在的指引。
- 相信自己，也相信自己令人敬畏的能力。
- 當你進行前面兩項步驟，充分利用你的無限富足。
- 即使不合邏輯，也要隨時接受無論出自何處的富足。

請參考網址 http://www.bustingloose.com/dreams。

電影《國家寶藏》(National Treasure)

我說過，取回能力和從金錢遊戲徹底解脫的流程，就是世紀尋寶之旅。擴展的自我會提供你線索，協助你依照線索最後找到「寶藏」。尋寶過程中，有時你會覺得困惑、生氣、失望或想放棄。你會發現你的寶藏，但是你必須全心全意、有毅力、勤奮不懈，就像男星尼可拉斯‧凱吉（Nicholas Cage）在電影《國家寶藏》中的角色，依照自己的線索尋找自己的寶藏。這部電影循序漸進的說明這一切，而且從那個觀點來看相當有說服力。

請參考網址 http://www.bustingloose.com/treasure。

電影《致命遊戲》（The Game）

擺脫舊有信念並接觸到真正自我的真相，知道事情真的運作方式，了解自己其實多有能力，清楚擴展自我一定會藉由創造極端強烈的體驗支持你，電影《致命遊戲》的情節就是讓你驚訝地陷入這種狀態。要讓那些體驗具有效力，演員必須扮演好角色，說服你相信他們和他們協助塑造的體驗都是「真的」。由麥克‧道格拉斯（Michael Douglas）主演的這部電影，說明這些概念。我必須提醒你，這部影片相當激烈，有些情節陰暗邪惡，不過觀賞電影中發生的事並感受整個能量的移動，將對你進行第二階段旅程有幫助。

請參考網址 http://www.bustingloose.com/thegame。

電影《駭客任務》（The Matrix）

你必須把這部電影中有關第一階段的情節去掉，不過觀賞這部片子對你很有幫助，尤其是其中莫斐斯（Morpheus）和尼歐（Neo）這兩個角色最早的對話，可以強化一切其實都是幻覺。你也可以把尼歐「發現眞相、覺醒成爲『救世主』和展現更高的覺知和力量」的旅程，跟你在第二階段的旅程與擴展相比。

請參考網址 http://www.bustingloose.com/matrix。

電影《異次元駭客》（The Thirteenth Floor）

你也要將電影中有關第一階段的情節去掉，不過觀看這部電影對你很有幫助。你會了解全像圖有多麼眞實，以及由體驗全像圖可能多麼眞實所產生的「讚嘆因素」。

請參考網址 http://www.bustingloose.com/floor。

電影《我們懂個X!?》（What the Bleep Do We Know?）

這部電影中有關第一階段的情節也請你忽略掉。電影中對你最有幫助的部分是與科學家的訪談，你會更加了解原來我們經歷的一切，都是意識創造的幻覺。

請參考網址 http://www.bustingloose.com/bleep。

《齊哈里》（Chihuly）

達爾・齊哈里（Dale Chihuly）是運用玻璃做爲創意媒介，最前衛也最成功的藝術家之一。在這套數位影音光碟片中，你會看到實例一再說明過著金錢與生活無關的日子，及生活在「創意狂喜」中，究竟是什麼情景——專心一志並依照帶給你最大喜悅的事去做。從那個觀點來看，這套光碟片極具說服力。你也會看到爲了支持齊哈里達到這麼驚人的狀態並盡情揮灑人生，他的人生有多麼曲折離奇。

請參考網址 http://www.bustingloose.com/chihuly。

影集《星艦迷航記》（Star Trek: The Next Generation）

這部播映長達七年的電視影集，藉由將第一階段的某些曲解，把第二階段的概念做具體詮釋。如果你喜歡科幻片，購買整套影集想看時就看，是很划算的。至少，你可以瀏覽下列網頁，留意有全像體驗艙（holodeck）的影集，多看幾遍，你就知道全像圖可能做到什麼。

請參考網址 http://www.bustingloose.com/holodeck 或至 www.startrek.com 網站輸入關鍵字 holodeck。

這部影集中還有一位人物叫做「Q」，他是由神的種族組成連續體（The Continuum）的成員。你可以參考下列網頁，了解有Q出現的影集，盡可能多看幾次，你就會知道無拘無束地在人性遊戲樂園中玩耍的情景。Q這個角色很喜歡惡作劇，並不是第二階段生活情景的絕佳詮釋，但是看到Q運作無窮能力，對你是有幫助的。

請參考網站 http://www.bustingloose.com/q 或到 www.startrek.com 網站輸入關鍵字「Q」搜尋。

書籍

《療癒場》（The Field）、琳恩・麥塔嘉（Lynne McTaggart）著

這本書摘要出有關能量場的最新研究，包括能量是什麼、如何運作及相關科學研究。這是一本專業書籍，對某些人來說比較艱澀難懂，不過如果你對本書所提科學根據有更

多的了解，這本書是相幫寶貴的資源。

請參考網址 http://www.bustingloose.com/field。

《全像宇宙投影三部曲》（The Holographic Universe）、麥可・泰波（Michael Talbot）著

這本書既好看又有趣，內文深入探討全像圖隱喻的細節。其中最重要的部分，是全像圖及我們稱爲「現實世界」的非現實層面之相關故事與實例。我強力推薦你馬上買一本看。

請參考網址 http://www.bustingloose.com/talbot。

Q角色的相關書籍

除了電視影集《星艦迷航記》中有Q出現的情節，還有一系列叢書對你有幫助。

請參考網址 http://www.bustingloose.com/qb。

《搖籃到搖籃》(Cradle to Cradle)、威廉・麥克道諾(William McDonough)著

在本書第十三章中，我談到無拘無束的人性遊戲，設計出沒有人想過的遊戲。我的朋友麥克道諾很了不起，(當時) 他並未意識到自己正在進行第二階段遊戲，但是他的例子剛好闡述「設計出沒有人想過的遊戲」。麥克道諾寫的《搖籃到搖籃》摘述他參與的許多專案，對你會有幫助和啓發。《搖籃到搖籃》這本書一開始巧妙地說明第一階段的限制，其他部分則描述作者創造要進行的新遊戲。《搖籃到搖籃》所用的紙張，也表達出作者正在進行一場從來沒有人想過的遊戲呢！

請參考網址 http://www.bustingloose.com/cradle。

現場活動

或許你有興趣參加或建議別人參加由我舉辦的下列現場活動。我在這類活動中將證實或補充你從這本書獲得的資訊：

・金錢遊戲之徹底解脫。

- 情緒遊戲之徹底解脫。
- 關係遊戲之徹底解脫。
- 意識商學院。
- 身體遊戲之徹底解脫。

這些活動和其他活動的細節與時間表將不定期地公布，詳見網站 http://www.bustin-gloose.com/schedule.html。

自修轉變方法

或許你有興趣訂購我從現場活動精心挑選，彙編出可讓你在家自修的自修轉變方法。你也可以把這些方法推薦給你認識或你關心的人：

- 金錢遊戲之徹底解脫。
- 情緒遊戲之徹底解脫。

我也會不定期地發表其他自修轉變方法，請參考網站 http://www.bustingloose.com。

指導課程

另外，我爲進行第二階段時想獲得個別指導的人，提供指導課程。這類課程分成團體課程和一對一課程。從第二階段的觀點來說，當你參加這類指導課程，我就是你的創作，透過我，其實你直接跟擴展自我對談，告訴自己想聽但寧可從別人口中說出的話。我剛開始進入第二階段時也有一位教練，我發現那是我最特別的經驗之一，也是我的旅程中相當寶貴的經驗。

指導課程詳情請參考網站 http://www.bustingloose.com/coaching.html。

獲得最新消息

如果你想獲得這方面的最新消息，收到我不定期寄發的電子郵件，請至下列網站並點選跳出視窗。

網站：http://www.bobscheinfeld.com。

國家圖書館出版品預行編目資料

你值得過更好的生活 / 羅伯特.薛弗德(Robert Scheinfeld)著 ;
陳琇玲譯. — 二版. — 臺北市 : 大塊文化, 2020.04
面 ; 公分. — (smile ; 90)
譯自 : Busting loose from the money game :
mind-blowing strategies for changing the rules of a game you can't win
ISBN 978-986-5406-64-6(平裝)

1.自我實現 2.個人理財 3.金錢心理學 4.成功法

177.2 109003051

LOCUS

LOCUS

LOCUS

LOCUS